EL ARTE DE SER ESTOICO

CONTENIDO

LA HISTORIA DEL ESTOICISMO

En los albores de la filosofía, el estoicismo nació como un faro de serenidad en un mundo turbulento, enseñando a los hombres a buscar la riqueza en sus almas, no en sus bolsillos. Zeno de Citio, bajo el pórtico pintado, descubrió una verdad simple pero profunda: que la virtud es suficiente para la felicidad. Como las olas que golpean constantemente contra la roca, el estoicismo enseña a permanecer firme y sereno, sin importar la fuerza del mar de la vida.

Cleanthes, siguiendo el legado de Zeno, sostuvo la lámpara del estoicismo, iluminando el camino de la autodisciplina y la fortaleza moral. Los estoicos, guardianes de la sabiduría antigua, veían el universo como un cosmos ordenado, un logos en el que cada individuo tiene un papel. Marco Aurelio, emperador y filósofo, encontró en el estoicismo la fortaleza para gobernar, enseñándonos que el poder más grande es el dominio de uno mismo.

Seneca, en la opulencia y en el exilio, escribió cartas que son faros de razón, demostrando que la mente bien ordenada es su propio lugar. El estoicismo nos enseña que la libertad verdadera se encuentra en la aceptación, en abrazar cada momento como si uno mismo lo hubiera elegido. Epicteto, una vez esclavo, se convirtió en maestro, proclamando que nuestras reacciones son las joyas que podemos elegir cómo tallar. La historia del estoicismo es un río de pensamiento claro, fluyendo a través de los siglos, nutriendo a aquellos que buscan la paz en la razón. Los estoicos vieron la vida como un campo de batalla moral, donde cada día ofrece la oportunidad de ser un héroe en nuestra propia historia. La indiferencia estoica no es falta de emoción, sino la elección deliberada de cuáles abrazar y cuáles dejar pasar, como hojas en un río. El corazón del estoicismo late con el ritmo de la naturaleza, enseñando que somos parte de algo más grande, un todo ordenado y bueno.

A través de los ojos de Marco Aurelio, vemos el mundo no como un lugar de desorden, sino como un aula para el aprendizaje del alma. El estoicismo nos invita a mirar dentro de nosotros mismos para encontrar la verdad, construyendo un templo interior inmune a los embates del destino. La historia del estoicismo es un testamento a la resistencia del espíritu humano, una prueba de que la sabiduría es inmortal y siempre relevante. Cada día, los estoicos se levantaban para enfrentar el mundo no con temor, sino con un compromiso renovado hacia la virtud y la ética.

En el estoicismo, cada adversidad se convierte en un maestro, cada pérdida en una lección, cada dolor en una oportunidad de crecimiento. El legado de los estoicos es un farol en la oscuridad, mostrándonos que la luz de la razón y la virtud nunca se extingue. Vivir como un estoico es vivir con propósito, con cada acto reflejando una elección consciente hacia un bien mayor y más duradero. La sabiduría estoica es como una estrella en la noche del tiempo, guiando a los navegantes del alma a través de mares turbulentos hacia puertos de serenidad. En la quietud del amanecer, el estoico medita sobre la transitoriedad de la vida, encontrando belleza y enseñanza en el ciclo eterno de la naturaleza. Los estoicos, con su mirada fija en la eternidad, nos enseñan a apreciar cada momento, sabiendo que el tiempo es el tesoro más preciado. Como un árbol que se arraiga profundamente mientras alcanza el cielo, el estoicismo nos ancla en principios mientras nos eleva hacia la virtud.

Marco Aurelio, con su pluma y su espada, demostró que incluso un emperador necesita la filosofía para gobernar sabiamente su propio espíritu. El estoicismo no promete un camino fácil, sino un alma fortalecida, capaz de soportar las tormentas de la vida con gracia y coraje. Como el oro probado en fuego, las enseñanzas estoicas se refinan a través de los siglos, probando su valor en cada generación. La historia del estoicismo es una corriente de claridad en el flujo a menudo turbio de la historia humana, ofreciendo una filosofía que tranquiliza y fortalece.

A través de las palabras de Seneca, aprendemos que no es lo que nos pasa lo que importa, sino cómo respondemos lo que define nuestro carácter. Epicteto nos recuerda que somos dueños de nuestra mente y que en ella tenemos el poder de mantener la paz, una fortaleza inexpugnable frente a las vicisitudes del destino. El estoicismo nos enseña a recibir cada día como un regalo, donde cada experiencia, buena o mala, es una semilla de sabiduría. Como el escultor que libera la forma de la piedra, el estoicismo nos ayuda a liberar nuestra mejor versión, eliminando los excesos de pasiones descontroladas. En el gran teatro de la vida, los estoicos actúan con dignidad y propósito, conscientes de que el verdadero espectáculo es el crecimiento del alma. Marco Aurelio contemplaba las estrellas y se recordaba a sí mismo su lugar en el cosmos, una práctica que nos invita a considerar nuestra propia transitoriedad y responsabilidad. La resiliencia estoica no es indiferencia, sino una profunda comprensión de que todo en la vida fluye y cambia, y que debemos fluir con ella. Los estoicos nos alientan a construir nuestras vidas sobre el sólido fundamento de la virtud, más que en las arenas movedizas de los placeres efímeros.

Cada día, el estoico se levanta no solo para enfrentar el mundo, sino para enfrentarse a sí mismo, en un eterno esfuerzo por mejorar. La historia del estoicismo es un relato de coraje intelectual y emocional, donde figuras como Séneca enfrentaron la adversidad con una pluma y una postura inquebrantable. Vivir como un estoico es reconocer que cada persona que encontramos es un compañero de viaje, cada uno luchando su propia batalla interna. La doctrina estoica se extiende como un vasto océano, cuyas aguas profundas calman las tormentas de la vida y refrescan el alma sedienta de paz.

Marco Aurelio usaba la meditación matutina para prepararse para el día, una práctica que nos enseña a acoger la mañana con una mente clara y un corazón listo. En la filosofía estoica, la naturaleza humana se contempla como una tela tejida con hilos de deber y belleza, cada uno esencial para el cuadro completo de la vida. Los estoicos nos muestran que la verdadera libertad comienza en el dominio de uno mismo, en el control de nuestras pasiones y deseos. Como un faro que permanece inmóvil ante la furia del mar, el estoicismo nos insta a mantener nuestra compostura y propósito sin importar las circunstancias externas. La vida de un estoico es un lienzo donde se pintan los colores de la moderación, el coraje, la justicia y la sabiduría, cada uno esencial para la obra maestra de una vida bien vivida. Seneca, con su exilio y adversidades, ilustra que incluso en la soledad y el retiro podemos encontrar un propósito y un camino hacia la virtud. El estoicismo no nos aleja del mundo, sino que nos equipa para participar en él con mayor compasión y comprensión, buscando siempre el bien común.

Cada enseñanza estoica es una piedra en el edificio de la sabiduría, donde los cimientos se asientan sobre la aceptación y el techo se sostiene por la razón. Los estoicos, como guardianes del templo de la filosofía, nos invitan a entrar, a aprender y a transformarnos en seres más completos y conectados. La historia del estoicismo es un río que fluye a través del tiempo, llevando consigo las verdades eternas sobre la naturaleza humana y el universo. Vivir con estoicismo es abrazar cada momento con la convicción de que nada externo puede perturbar la paz de tu alma.

Los estoicos nos enseñan que cada adversidad ofrece una lección, y cada persona que encontramos, un espejo en el que observar nuestras propias reacciones y crecer. La ecuanimidad estoica es el arte de mantener la calma en medio de la tormenta, encontrando el centro tranquilo en uno mismo. A través de la historia, el estoicismo ha sido una fuente de fortaleza para líderes y pensadores, proporcionando una estructura para enfrentar los desafíos con gracia y determinación. Como Marco Aurelio, quien reflexionaba sobre su mortalidad, el estoicismo nos invita a considerar nuestra efímera existencia y a vivir con un propósito más grande. El estoicismo no es solo una filosofía de resistencia, sino también de profundo amor y respeto por la vida y la naturaleza. La práctica estoica de la reflexión diaria es como limpiar un espejo, quitando las manchas de las pasiones y preocupaciones para ver más claramente.

En el corazón del estoicismo yace la idea de que la verdadera felicidad proviene de la virtud y el autocontrol, no de los placeres efímeros. La historia del estoicismo es un testimonio de resistencia, mostrando cómo las ideas pueden sobrevivir y prosperar incluso en los tiempos más oscuros. Al adoptar el estoicismo, adoptamos una postura de responsabilidad personal completa, donde cada pensamiento y acción están bajo nuestro control. La sabiduría estoica, como un río antiguo, ha irrigado civilizaciones, nutriendo las mentes de aquellos que buscan una vida plena y reflexiva.

Los estoicos comprenden que el dolor y el placer son temporales y que la verdadera paz viene de vivir en armonía con el universo. Marco Aurelio nos recuerda que no son los eventos en sí los que nos perturban, sino nuestras opiniones sobre ellos. En el estoicismo, la libertad verdadera es la liberación de la esclavitud de los deseos desenfrenados, encontrando la riqueza en la simplicidad y el autocontrol. Los ejercicios estoicos, como la visualización de los peores escenarios, preparan el espíritu para enfrentar cualquier adversidad con calma. La enseñanza estoica de que "somos ciudadanos del mundo" amplía nuestra perspectiva, fomentando la compasión y el entendimiento entre las personas. Cada cita estoica es un destello de luz en la oscuridad, proporcionando guía y claridad cuando más se necesita. La aceptación estoica de la muerte no es un nihilismo, sino un recordatorio para vivir cada día con plenitud y propósito. La historia del estoicismo está llena de historias de individuos que, frente a la adversidad, eligieron el camino de la rectitud y la integridad.

Vivir como un estoico es reconocer que nuestra capacidad para amar, perdonar y entender es infinitamente más valiosa que cualquier riqueza material. Los estoicos nos enseñan que, al igual que el oro es probado por el fuego, el carácter humano se prueba en el crisol de la vida cotidiana. El estoicismo nos ofrece las herramientas para desmantelar la ira y el resentimiento, construyendo en su lugar puentes de comprensión y paciencia. La fortaleza estoica es como una fortaleza bien construida, protegiendo contra las tempestades emocionales y los embates de la fortuna.

En el núcleo del estoicismo, encontramos un profundo respeto por la lógica y la razón, pilares que sostienen una vida examinada y significativa. A través de la práctica estoica, aprendemos a valorar nuestra respuesta más que la provocación, eligiendo la serenidad sobre el conflicto. El estoicismo nos recuerda que mientras podemos admirar y aprender de la naturaleza, nuestro mayor desafío y obra es nosotros mismos. Vivir con la disciplina estoica es como cultivar un jardín: requiere tiempo, atención y cuidado, pero las recompensas son abundantes y bellas. La historia del estoicismo es una cadena de transmisión de sabiduría, donde cada eslabón refuerza el siguiente, fortaleciendo la integridad de la enseñanza. La práctica estoica de reflexionar sobre uno mismo cada noche es como poner las cuentas del día en orden, asegurando que nada valioso se pierda. Al abrazar el estoicismo, abrazamos una vida de desafíos conscientes y crecimiento constante, donde cada obstáculo es un maestro y cada día una lección. Los estoicos nos enseñan a mantener nuestra integridad en todas las circunstancias, viendo la consistencia moral no como una carga, sino como la verdadera expresión de la libertad.

Cada reflexión de Marco Aurelio es un recordatorio de que la grandeza se encuentra en acciones simples pero consistentes de autodominio y benevolencia. El estoicismo no es un retiro de la acción, sino un llamado a actuar con propósito y responsabilidad, haciendo de cada decisión un reflejo de principios eternos. En la enseñanza estoica, la paciencia es más que una virtud; es un camino hacia la comprensión profunda de la naturaleza transitoria de nuestras aflicciones. Los estoicos, como faros de racionalidad, iluminan el arte de vivir bien, mostrando que la verdadera sabiduría reside en elegir con sabiduría.

La fortaleza y serenidad de los estoicos ante la adversidad son testimonios de una filosofía que valora la resiliencia como una forma de belleza. El legado del estoicismo nos desafía a mirar más allá de nuestras circunstancias inmediatas, a encontrar significado y propósito en la estructura más amplia del cosmos. Vivir como un estoico es reconocer que cada momento de vida es un regalo que merece ser vivido con dignidad y en armonía con la naturaleza. Los principios estoicos de claridad, equidad y control emocional son herramientas que nos equipan para navegar las aguas a menudo turbulentas de las relaciones humanas. La historia del estoicismo es un relato de perseverancia; una filosofía que ha resistido la prueba del tiempo, ofreciendo tranquilidad a generaciones. A través del estoicismo, aprendemos que la verdadera alegría surge de la aceptación, no de la acumulación; y que en la simplicidad se encuentra el verdadero contentamiento. Los estoicos nos enseñan a abrazar el cambio, a ver cada final como un nuevo comienzo y cada despedida como una oportunidad para crecer.

En el corazón del estoicismo está la creencia en el potencial humano para el bien, una convicción que nos impulsa a buscar lo mejor en nosotros y en los demás. Marco Aurelio, con su imperio a cuestas, encontró refugio en la filosofía estoica, demostrando que la paz interior es posible incluso en el centro del poder. La sabiduría estoica fluye como un río sereno; sus aguas, aunque tranquilas, son profundas y cargadas de reflexiones sobre la naturaleza humana y la moralidad.

El estoicismo enseña que cada persona es un microcosmos, un pequeño universo con la capacidad de reflejar la armonía y el orden del cosmos. Al practicar el estoicismo, nos comprometemos a vivir con autenticidad, enfrentando cada día con coraje y encontrando gozo en nuestra capacidad para perseverar. Los estoicos nos muestran que la felicidad no es un destino, sino un modo de viajar; una forma de interactuar con el mundo que nos centra y fortalece. El estoicismo no es solo sobre superar adversidades; es también sobre apreciar las alegrías simples, encontrando riqueza en el tejido de lo cotidiano. Al final, la historia del estoicismo es un testimonio del poder del espíritu humano para enfrentar la vida con valentía y sabiduría, sin importar las pruebas que traiga el destino. El estoicismo nos enseña que la verdadera libertad se alcanza cuando somos dueños de nuestras emociones, gobernando nuestras reacciones con la mente, no con el corazón.

En la visión estoica, cada obstáculo es una puerta disfrazada, cada prueba una invitación a fortalecer nuestro carácter y nuestra convicción. Los estoicos abrazan la vida en todas sus formas, enfrentando con valor los altibajos y encontrando en cada uno una oportunidad para el aprendizaje y la reflexión. El principio estoico de vivir conforme a la naturaleza no es una llamada al retiro del mundo, sino a una participación más consciente y armoniosa. La tranquilidad estoica no es apatía, sino una activa paciencia, un compromiso con la serenidad en medio de la tempestad.

Los estoicos nos animan a meditar sobre la impermanencia, ayudándonos a valorar más profundamente el aquí y el ahora. La filosofía estoica es un bastión contra la turbulencia emocional, ofreciendo estrategias para mantener la calma en cualquier tormenta. Al cultivar un espíritu estoico, cultivamos un jardín interno de paz que puede florecer incluso en el deserto más árido de adversidad. La enseñanza estoica de la prohairesis, o elección consciente, nos empodera a tomar control de nuestras vidas a través de decisiones deliberadas y reflexivas. Cada reflexión de un estoico es un escalón hacia una mayor comprensión de la vida, un paso hacia la sabiduría eterna. El estoicismo es un llamado a la autenticidad, instándonos a ser fieles a nosotros mismos en un mundo que a menudo premia la conformidad. Los estoicos ven la comunidad como un reflejo del cosmos, donde cada individuo contribuye al bien mayor, cada acción resuena con el todo. En la quietud estoica, encontramos una fortaleza que es tanto refugio como fundamento, un lugar desde donde podemos enfrentar cualquier desafío con gracia. El estoicismo nos enseña que somos arquitectos de nuestra propia felicidad, que la verdadera alegría se construye desde adentro hacia afuera.

Vivir con estoicismo es reconocer que cada día trae tanto desafíos como regalos, y que nuestra tarea es recibirlos con igual gratitud. La perspectiva estoica sobre la muerte es un recordatorio de vivir con propósito, de llenar cada momento con vida, no con miedo. Al abrazar el estoicismo, nos equipamos con una armadura de principios y un escudo de sabiduría, listos para defender nuestra paz en cualquier batalla. Los estoicos nos muestran cómo cada experiencia de vida ya sea alegre o dolorosa, tiene el potencial de enseñarnos algo valioso sobre nosotros mismos y el mundo.

La moderación estoica no limita la vida, sino que la enriquece, filtrando el exceso para revelar la esencia de lo que realmente importa. En el estoicismo, encontramos un enfoque equilibrado de la vida que honra tanto la razón como la emoción, tratando cada una como partes esenciales de un todo saludable. La práctica estoica del examen diario es como el pulido de un espejo, eliminando las manchas de error y descuido para reflejar una imagen más clara de la virtud. Los estoicos nos instan a enfrentar la vida con una mirada firme y un corazón valiente, recordándonos que somos capaces de mucho más de lo que a menudo creemos. Al estudiar el estoicismo, nos unimos a una larga línea de pensadores que han buscado la verdad en la razón, encontrando guía en la sabiduría de los que vinieron antes. El estoicismo nos desafía a ser guardianes de nuestra propia paz, custodios de una serenidad que no puede ser perturbada por las circunstancias externas.

En la corriente de la vida, el estoicismo es un remanso de calma, un lugar donde podemos recuperar nuestra compostura y prepararnos para lo que viene. Los estoicos nos enseñan a ser dueños de nuestro destino, a moldear nuestra vida con las herramientas de la razón y la virtud, construyendo un legado de integridad. La sabiduría estoica, como una antigua columna, sostiene los techos de muchas vidas, ofreciendo soporte y refugio a quienes buscan entender el mundo y a sí mismos. Cada máxima estoica es una semilla de fortaleza, plantada en el fértil suelo de la mente, creciendo hacia la luz de la comprensión.

Los estoicos, a través de los siglos, han construido un puente sobre el tiempo, conectando el pasado con el presente en diálogo continuo. Al adoptar el estoicismo, adoptamos una postura resiliente ante la vida, equipados para enfrentar cualquier desafío con una mezcla de coraje y serenidad. La práctica estoica nos enseña a mantener la calma incluso bajo presión, recordándonos que la verdadera prueba de nuestra virtud es nuestra reacción ante lo inesperado. En el corazón del estoicismo se encuentra la aceptación del flujo natural de la vida, una armonía con el cosmos que tranquiliza el alma. Los estoicos nos animan a ver cada dificultad como una oportunidad para fortalecer nuestro carácter y afianzar nuestra resolución. La filosofía estoica es una invitación a vivir con dignidad, no importa las circunstancias, manteniendo la integridad como nuestro estándar más alto. En la enseñanza estoica, encontramos la importancia de la autodisciplina como medio para alcanzar una vida plena y significativa.

La historia del estoicismo es una cadena de momentos de claridad, donde cada generación descubre de nuevo la potencia de sus principios. Vivir como un estoico significa navegar la vida con un mapa ético, utilizando la razón y la virtud como nuestras guías más confiables. Los estoicos nos ofrecen una perspectiva de la vida que valora la serenidad por encima del éxito superficial, buscando una riqueza que es verdaderamente inagotable. Cada lección estoica es un eco del pasado, resonando con la sabiduría atemporal que continúa iluminando el camino hacia el futuro. Al abrazar el estoicismo, aprendemos a valorar cada momento, viviendo con un propósito que va más allá de lo material.

La filosofía estoica nos capacita para enfrentar la vida con confianza, sabiendo que nuestro valor no se mide por lo que sucede a nuestro alrededor, sino por cómo respondemos. Los estoicos nos muestran que, en el teatro de la vida, cada uno tiene el poder de ser el protagonista de su propia historia, actuando con moralidad y sabiduría. En la quietud de la reflexión estoica, podemos encontrar la fuerza para enfrentar cualquier tormenta, armados con la serenidad de saber que todo pasa. El estoicismo nos invita a mirar dentro de nosotros mismos para encontrar respuestas, buscando en nuestra propia naturaleza la guía y la verdad. La enseñanza estoica sobre la impermanencia nos ayuda a apreciar la belleza de cada instante, viviendo cada día como si fuera a la vez el primero y el último. Al practicar el estoicismo, nos unimos a una comunidad de pensadores que, a través de los siglos, han buscado la paz a través del autoconocimiento y la automejora.

Los estoicos transforman los retos en victorias internas, cada batalla personal es una oportunidad para demostrar la fortaleza del espíritu. En el estoicismo, la verdadera riqueza es la tranquilidad del alma, un tesoro que una vez encontrado, nunca puede ser perdido o robado. La filosofía estoica es un faro de esperanza en un mundo a menudo confuso, ofreciendo claridad y propósito a quienes buscan un puerto seguro. Los estoicos nos enseñan a ser maestros de nosotros mismos, a gobernar nuestras pasiones y a dirigir nuestras vidas con la autoridad de la razón y la ética. En la visión estoica, la compasión y la justicia son fundamentales, guiando nuestras interacciones con los demás y ayudándonos a construir un mundo más armónico.

El estoicismo es un testimonio del poder de la voluntad humana, de nuestra capacidad para elegir nuestro camino incluso en las circunstancias más desafiantes. La historia del estoicismo es rica en ejemplos de individuos que, a pesar de las adversidades externas, mantuvieron su enfoque en el crecimiento personal y la virtud. Los estoicos nos recuerdan que cada día trae consigo tanto desafíos como regalos, y que nuestra tarea es recibirlos con igual apertura y gratitud. Vivir con estoicismo es reconocer que, aunque no podemos controlar todo lo que nos sucede, tenemos el poder definitivo sobre cómo elegimos responder. El estoicismo nos desafía a vivir con integridad y propósito, recordándonos que la calidad de nuestras vidas se mide por la calidad de nuestras acciones. A través del estoicismo, aprendemos que la serenidad no se encuentra evitando la vida, sino abrazándola plenamente, con todas sus imperfecciones y bellezas. Los estoicos nos enseñan que la vida, en toda su complejidad, es una oportunidad para practicar la virtud, cada situación un aula, cada persona un maestro.

En el corazón del estoicismo, encontramos un llamado a vivir conscientemente, a hacer de cada acto una expresión de nuestro compromiso con la vida buena. La práctica estoica es una danza de equilibrio entre aceptar lo que no podemos cambiar y cambiar lo que podemos, siempre con sabiduría y gracia. El estoicismo nos muestra que la sabiduría no está en evitar las emociones, sino en gestionarlas con inteligencia y equilibrio.

En cada enseñanza estoica, encontramos una llamada a la reflexión profunda, un impulso a considerar nuestra vida y nuestras elecciones con seriedad y cuidado. Los estoicos enfatizan la importancia de la comunidad y la interconexión, recordándonos que cada acto y cada palabra tienen un impacto más allá de nuestro entorno inmediato. Vivir como un estoico es enfrentar la vida con un corazón valiente y una mente clara, listos para convertir cada experiencia en un tesoro de conocimiento. La historia del estoicismo es un relato de constancia y compromiso con la excelencia moral, ofreciendo un modelo de vida enfocado y deliberado. Al abrazar principios estoicos, adoptamos un camino de vida que valora la sobriedad y la claridad, encontrando belleza en la austeridad. Los estoicos nos enseñan que cada momento de nuestra vida es precioso, una oportunidad única para actuar con virtud y propósito. En la disciplina estoica, encontramos un antídoto contra la ansiedad moderna, un remedio forjado en el entendimiento de que controlamos cómo reaccionamos ante el mundo.

El estoicismo no solo educa la mente, sino que también fortalece el espíritu, preparándonos para enfrentar la vida con coraje y dignidad. Los estoicos nos invitan a mirar las estrellas y recordar nuestro lugar en el cosmos, inspirándonos a vivir con humildad y admiración. A través del estoicismo, aprendemos que el autocontrol es la verdadera clave para la libertad, liberándonos de las cadenas de reacciones impulsivas. La práctica estoica de contemplar la naturaleza y nuestra parte en ella nos ayuda a entender nuestra responsabilidad hacia el mundo y hacia nosotros mismos. Los estoicos nos animan a ser resilientes, a ver cada revés como una prueba de nuestro carácter y cada éxito como un momento para ser templado.

En el corazón del estoicismo, encontramos una potente verdad: que ser libre es ser dueño de uno mismo, y que esta es la mayor libertad de todas. Vivir con estoicismo es comprometerse con una vida de aprendizaje continuo, donde cada día ofrece lecciones en virtud y sabiduría. Los estoicos ven la vida como un lienzo para la virtud, cada acción una pincelada que contribuye a una obra maestra de carácter y ética. El estoicismo nos enseña a valorar más cómo vivimos que cuánto tiempo vivimos, poniendo la calidad de nuestra existencia por encima de todo. A través de la filosofía estoica, descubrimos que la verdadera paz viene de dentro y que puede ser alcanzada incluso en medio de la turbulencia externa. Los estoicos nos instan a mantener la compostura y la perspectiva, recordándonos que nuestra percepción de los eventos es más crucial que los eventos mismos. En la sabiduría estoica, encontramos un llamado a vivir intencionalmente, cada día una oportunidad para reafirmar nuestros valores y nuestras elecciones.

Los principios estoicos nos proporcionan un marco para enfrentar tanto la prosperidad como la adversidad con gracia y ecuanimidad. La enseñanza estoica sobre la interdependencia de todas las cosas nos motiva a actuar con consideración y compasión en cada interacción. Al practicar el estoicismo, nos volvemos arquitectos de un espíritu indomable, diseñando una vida que resiste los caprichos del destino con fortaleza y serenidad. Los estoicos nos demuestran que, en la aceptación de lo que no podemos cambiar, encontramos la fuerza para cambiar lo que sí podemos.

La historia del estoicismo es un testimonio del poder de la mente sobre las circunstancias, de la capacidad humana para cultivar la paz interna frente a la adversidad externa. Vivir según los principios estoicos es un desafío a ser genuinos, a enfrentar la vida con autenticidad y a buscar siempre la verdad en nuestras acciones y creencias. El estoicismo nos alienta a encontrar contentamiento en nosotros mismos, liberándonos de la interminable búsqueda de satisfacción en cosas externas. Los estoicos, con su enfoque en la autosuficiencia emocional y mental, nos ofrecen un camino hacia la independencia del tumulto emocional del mundo. En el estoicismo, cada pérdida es considerada un espacio para el crecimiento, cada ganancia un recordatorio de la impermanencia y la humildad. Los principios estoicos nos guían para vivir con propósito y pasión, asegurando que cada día esté lleno de intención y significado.

Al adoptar el estoicismo, nos sumamos a una larga tradición de búsqueda de la sabiduría, una herencia de enfrentar la vida con curiosidad y coraje. Los estoicos nos muestran que en el control de nuestras propias reacciones y emociones yace la mayor de las victorias. En la filosofía estoica, encontramos un antídoto contra el desorden y la distracción del mundo moderno, una llamada a concentrarnos en lo que verdaderamente importa. Vivir como un estoico es aceptar que, aunque el mundo externo es incontrolable, nuestro mundo interno puede ser un bastión de orden y paz.

Los estoicos nos invitan a vivir cada día como si fuera una obra de arte, poniendo cuidado y atención en cada pensamiento, cada palabra y cada acción. El estoicismo es una brújula que nos orienta en la oscuridad, ofreciendo luz cuando más lo necesitamos y guiándonos hacia un puerto seguro. A través de la enseñanza estoica, aprendemos que la verdadera grandeza no se mide por lo que acumulamos, sino por lo que superamos. Los estoicos abordan la vida con una calma inquebrantable, sabiendo que mientras se mantengan fieles a sí mismos, nada externo puede disminuir su integridad. El estoicismo nos enseña a ser como el roble en la tormenta: aunque las ramas puedan moverse con el viento, el tronco permanece firme y seguro. En la práctica del estoicismo, cada día es visto como una oportunidad para fortalecer nuestro carácter y acercarnos más a la vida virtuosa que aspiramos a vivir.

PRINCIPIOS FUNDAMENTALES DEL ESTOICISMO

En la quietud del alma reside la fortaleza; el estoico sabe que la verdadera paz proviene del dominio de sí mismo. La aceptación de lo que no podemos cambiar es el primer paso hacia la libertad interna; el estoico ve en cada desafío la mano del destino. La naturaleza es maestra; el estoico aprende de sus ciclos y armonías, buscando vivir en sintonía con el orden universal.

La indiferencia a lo externo no es desdén, sino liberación; el estoico se enfoca en su poder de respuesta, no en la provocación. El control de las pasiones libera el alma; el estoico practica la moderación para mantener su espíritu tranquilo y su mente clara. La virtud es el único bien verdadero; el estoico persigue la rectitud en cada acto, sabiendo que en ella reside la verdadera satisfacción. El deber es sagrado; el estoico cumple con su rol en el mundo con diligencia y honor, como un actor que respeta el guion de una obra mayor.

La temporalidad de la vida es una llamada a vivir con propósito; el estoico medita sobre la muerte para apreciar la urgencia de la virtud. Cada obstáculo es un camino; el estoico transforma los impedimentos en combustible para su crecimiento, encontrando sabiduría en la resistencia. La igualdad de todos ante la razón es fundamental; el estoico respeta la dignidad inherente en cada persona, como reflejo de la naturaleza racional común. La introspección es una herramienta de liberación; el estoico se examina a sí mismo sin cesar, buscando erradicar los errores y fortalecer las virtudes. La compasión es una fortaleza; el estoico ve en cada ser un igual, luchando su propia batalla, y ofrece su mano en solidaridad. La autarquía, o autodominio, es la joya más preciada; el estoico busca ser autosuficiente en lo emocional, dependiendo sólo de su razón y virtud.

La tranquilidad del alma es el mayor de los logros; el estoico trabaja para mantener su serenidad, incluso en medio del caos. La vida como un eco de la eternidad; el estoico ve cada día como una oportunidad para inscribir su nombre en el libro del universo a través de actos de valor y verdad. La constancia y la coherencia son el corazón del estoicismo; el estoico es el mismo en privado y en público, fiel a sus principios en todas las circunstancias. La felicidad estoica surge de la armonía interna, no de la aprobación externa; el estoico busca el aplauso de su propia conciencia.

El autocontrol es el escudo del estoico; protege su alma˗ de las flechas de la tentación y del exceso, manteniéndolo firme y centrado. La visión estoica del cosmos como un todo ordenado y lógico ofrece consuelo; el estoico se consuela sabiendo que cada evento tiene su lugar y propósito. La gratitud es esencial; el estoico agradece tanto las bendiciones como las lecciones, sabiendo que cada experiencia aporta algo de valor. La humildad es la marca del verdadero sabio; el estoico no presume de saberlo todo, sino que siempre está dispuesto a aprender y crecer. El estoico enfrenta la adversidad con un corazón valiente, sabiendo que el coraje no es la ausencia de miedo, sino la elección de actuar a pesar de él. La generosidad estoica no tiene límites; el estoico da no sólo materialmente, sino también de sí mismo, compartiendo su fuerza y sabiduría. La simplicidad es la clave de la vida estoica; el estoico evita los excesos y se contenta con lo esencial, encontrando riqueza en la austeridad. El respeto por la naturaleza y sus leyes guía al estoico; vive en armonía con el mundo, buscando no dominarlo, sino entenderlo y preservarlo. La justicia es la base de las interacciones estoicas; el estoico trata a todos con equidad, guiado por la razón y la moralidad.

La paciencia es una virtud estoica; el estoico sabe que muchas cosas en la vida requieren tiempo y resistencia, y se entrega a la espera activa. La perseverancia es el camino del estoico; ante la dificultad, el estoico persiste, confiando en que la persistencia es el camino hacia el triunfo. La claridad de pensamiento es esencial en el estoicismo; el estoico cultiva su mente con educación y reflexión, buscando siempre la lucidez. La amistad para el estoico es un refugio sagrado; cultiva relaciones profundas basadas en la mutualidad de la virtud y el respeto.

El perdón es una expresión de fortaleza; el estoico libera tanto a otros como a sí mismo de las cadenas del rencor, entendiendo que el error es parte de la condición humana. Cada acto de autoexamen es una piedra en el edificio del carácter estoico; reflexionar sobre uno mismo permite crecer y mejorar continuamente. La imparcialidad guía al estoico, quien juzga con ecuanimidad y sin prejuicios, esforzándose por ver la verdad de cada situación. La preparación para la adversidad es fundamental; el estoico practica el "premeditatio malorum", anticipando desafíos para enfrentarlos con serenidad. El amor a la humanidad es central en el estoicismo; el estoico ve a todos los seres humanos como compañeros en el viaje de la vida, merecedores de compasión y ayuda. El valor de la autenticidad no puede ser subestimado; el estoico vive verdaderamente según sus principios, sin dobleces ni falsedad. La aceptación estoica no es resignación, sino una comprensión profunda de la naturaleza de las cosas, abrazando la realidad con coraje y optimismo.

La economía de las emociones es práctica estoica; el estoico invierte su energía emocional sabiamente, evitando el desperdicio en preocupaciones innecesarias. El respeto por el tiempo es inherente al estoicismo; el estoico valora cada momento, consciente de que el tiempo es un recurso no renovable. La confianza en la razón es pilar del estoicismo; el estoico confía en el poder del pensamiento lógico para resolver problemas y guiar su conducta. La práctica de la virtud es diaria y deliberada; el estoico se esfuerza por actuar bien en cada situación, viendo la moralidad como un músculo que necesita ejercicio.

La serenidad estoica deriva de la alineación con el cosmos; el estoico busca vivir en armonía con el universo, aceptando su orden y belleza. La integridad es inviolable en el estoicismo; el estoico mantiene su integridad incluso cuando podría ser más fácil ceder. La contemplación de la naturaleza eleva el espíritu; el estoico encuentra sabiduría y tranquilidad en la observación del mundo natural. La igualdad de todos ante la ley universal es un concepto estoico; el estoico trata a todos con justicia, reconociendo la dignidad inherente en cada ser. El cultivo de la resiliencia es esencial; el estoico se fortalece ante las adversidades, sabiendo que cada prueba es una oportunidad para fortalecer el carácter. La perspectiva cósmica es consuelo estoico; el estoico considera su vida dentro del contexto más amplio del tiempo y el espacio, encontrando paz en la vastedad. La disciplina del deseo forma parte del entrenamiento estoico; el estoico aprende a desear solo lo que depende de él, liberándose de ansiedades externas.

La felicidad estoica se encuentra en la autosuficiencia; el estoico busca la plenitud interior que no depende de factores externos. El manejo de la ira es una habilidad estoica; el estoico entiende que la ira es un veneno que nubla la razón y daña el alma. La práctica de la atención plena es compatible con el estoicismo; el estoico vive plenamente en el presente, consciente de cada pensamiento y acción. La simplicidad es una virtud estoica; el estoico evita la complicación innecesaria de la vida, buscando y valorando la esencia de las cosas. El estoico se enfrenta a la muerte con dignidad y paz, viéndola como un retorno natural al cosmos del cual todos somos parte.

La empatía es crucial en el estoicismo; el estoico se esfuerza por entender los sentimientos y motivaciones de otros, practicando la comprensión como forma de conexión. La honestidad brutal es una marca del estoico; enfrenta la verdad, por dura que sea, con el valor de quien sabe que la realidad es el único camino hacia el progreso. La perseverancia es una bandera del estoicismo; el estoico persiste en sus esfuerzos y en su dedicación a la virtud, sin importar los obstáculos. La independencia de pensamiento es estimada por el estoico; se anima a cuestionar, a pensar por sí mismo, a no seguir la multitud sin reflexión. La generosidad estoica no tiene límites; el estoico da desinteresadamente, sabiendo que compartir con otros es compartir con uno mismo. La moderación en todas las cosas es una lección estoica; el estoico busca el equilibrio, evitando los extremos en comportamiento y creencias.

El respeto por la vida es una constante estoica; cada criatura es valorada, cada vida es vista como un hilo en el tejido del universo. El juicio justo es clave en el estoicismo; el estoico evalúa cada situación y persona con una mente clara, buscando siempre la verdad más allá de las apariencias. La perseverancia estoica es como un río que, a pesar de los obstáculos, sigue fluyendo hacia su destino, modelando el paisaje con constancia y paciencia. El estoico ve cada problema como un puzle que resolver, no como un peso que llevar; cada solución aporta más sabiduría y satisfacción personal. La gratitud por lo que se tiene es fundamental; el estoico valora cada bendición, grande o pequeña, como un regalo del universo.

La independencia estoica proviene de un profundo sentido de autoconfianza, sabiendo que la capacidad para vivir bien reside dentro de uno mismo. El respeto por los ancianos y su sabiduría es un pilar del estoicismo; el estoico escucha y aprende de aquellos que han recorrido el camino antes que él. La paciencia estoica no es simplemente esperar, sino mantener una actitud positiva y proactiva durante la espera, cultivando la paz interior. El estoico se enfrenta a la adversidad no con resignación, sino con un espíritu activo y decidido, buscando siempre la manera de superar o adaptarse. La transparencia en las acciones y motivos es esencial en el estoicismo; el estoico actúa con una claridad que inspira confianza y respeto. El respeto por el medio ambiente es un reflejo del respeto estoico por la naturaleza; el estoico cuida el mundo que lo rodea como cuida su propia alma. El estoico busca siempre la coherencia entre sus palabras y sus acciones, demostrando que la integridad es más que un ideal, es una práctica diaria. La aceptación de los demás, con todas sus imperfecciones, es una virtud estoica; el estoico entiende que todos estamos en un proceso de crecimiento y aprendizaje.

La constancia en la práctica de la virtud es lo que define al estoico; no es la perfección de un día, sino el esfuerzo continuo lo que cuenta. La sencillez estoica se refleja en un estilo de vida que prioriza lo esencial sobre lo superfluo, encontrando belleza en la pureza y la funcionalidad. El estoico ve la crítica como una oportunidad para mejorar; acoge los comentarios constructivos con la mente abierta y el corazón dispuesto a cambiar. La fortaleza mental y emocional del estoico es como una fortaleza bien defendida, preparada para resistir las inclemencias del destino.

La mente estoica es un santuario de calma y racionalidad, donde cada pensamiento es examinado antes de ser aceptado. El estoico practica la discreción en el hablar, consciente de que cada palabra tiene el poder de elevar o destruir. La vida estoica es un testimonio de que la felicidad verdadera no depende de las circunstancias externas, sino de una mente y un corazón bien ordenados.

La equidad estoica implica tratar a todos los seres con justicia y compasión, reconociendo la dignidad intrínseca de cada vida. La autenticidad es la esencia del estoicismo; el estoico no pretende ser otra persona, sino que se esfuerza por ser la mejor versión de sí mismo. La reflexión diaria es una práctica estoica esencial; cada noche, el estoico revisa sus acciones del día, buscando maneras de ser más virtuoso. La economía de acción y pensamiento es valorada por el estoico, quien prefiere la eficiencia y la profundidad a la dispersión y superficialidad.

El coraje estoico no es la ausencia de miedo, sino la determinación de actuar correctamente a pesar del miedo. La prudencia en el estoicismo es el arte de tomar decisiones sabias, basadas en la razón y la reflexión profunda, no en impulsos momentáneos. El estoico valora la comunidad y busca contribuir al bien común, entendiendo que su bienestar está intrínsecamente conectado al de los demás. La serenidad del estoico se cultiva a través del entendimiento de que lo único que realmente podemos controlar son nuestras propias acciones y reacciones.

La adaptabilidad es crucial para el estoico, quien sabe que la flexibilidad mental y emocional son claves para navegar los cambios de la vida. El estoico se esfuerza por mantener un equilibrio entre el cuidado de sí mismo y el cuidado de los demás, buscando siempre un bienestar holístico. La responsabilidad personal es un pilar del estoicismo; el estoico acepta plenamente las consecuencias de sus acciones, aprendiendo y creciendo de cada experiencia. La moderación estoica es una respuesta al exceso y la indulgencia, una llamada a vivir de manera que se mantenga la salud del cuerpo y la claridad de la mente. La ética del trabajo del estoico es fuerte; se dedica a sus tareas con diligencia y seriedad, viendo en cada deber una forma de práctica virtuosa. El estoico aborda la enseñanza y el aprendizaje con el mismo vigor; está siempre dispuesto a aprender de los demás y a compartir su conocimiento. La paciencia estoica con uno mismo es tan importante como con los demás; el estoico se da tiempo para crecer y madurar, sin autorreproches severos.

El respeto por el silencio y la contemplación es evidente en el estoicismo; el estoico valora los momentos de quietud que permiten la introspección. La congruencia en todas las áreas de la vida es esencial para el estoico, quien busca vivir con integridad, sin disonancia entre sus valores y sus actos. La hospitalidad estoica se extiende a amigos y extraños por igual; el estoico acoge a todos con generosidad y calidez, ofreciendo lo que tiene sin esperar recompensa. El estoico busca siempre la claridad, tanto interna como externa, esforzándose por ver las situaciones y las motivaciones humanas tal como son.

La apreciación estoica de la vida incluye un profundo respeto por su fragilidad y transitoriedad, lo que insta al estoico a vivir con plenitud y propósito. El estoico entiende que la sabiduría verdadera no se completa nunca; es un viaje de constante aprendizaje y aplicación, donde cada día ofrece nuevas oportunidades para practicar la virtud. La autonomía del estoico radica en su habilidad para mantener la compostura interna, sin importar las tormentas externas que enfrenta. La práctica del estoicismo involucra una constante atención al momento presente, valorando cada instante como una oportunidad para actuar virtuosamente. Para el estoico, la integridad personal es un santuario sagrado, inviolable y preservado a través de la constancia en el pensamiento y la acción. El estoico reconoce que la simplicidad no es una privación, sino una forma de eliminar las distracciones y concentrarse en lo esencial de la vida. El respeto por la sabiduría de los ancianos y el deseo de aprender de los jóvenes reflejan la apertura del estoico hacia el conocimiento, sin importar su origen.

La paz interna del estoico se cultiva no evitando los desafíos, sino enfrentándolos con una perspectiva equilibrada y reflexiva. La firmeza del estoico no es rigidez, sino una resolución inquebrantable de vivir según los más altos estándares de moral y ética. Para el estoico, cada adversidad es examinada como una clase en la escuela de la vida, donde las lecciones aprendidas son más valiosas que el oro. El estoico ve la relación con los demás no como un medio para un fin, sino como un fin en sí mismo, buscando siempre el bienestar mutuo. La capacidad del estoico para permanecer tranquilo y coherente bajo presión es un testimonio de su profundo compromiso con la autodisciplina.

La generosidad del estoico se manifiesta no solo en actos de dar, sino también en una disposición constante para perdonar y extender gracia. El estoico se esfuerza por mantener su cuerpo y mente en armonía, reconociendo que la salud física es indispensable para la agudeza mental. La aceptación estoica de los ciclos de la naturaleza ayuda a cultivar una actitud de reverencia y respeto hacia el entorno y sus leyes. El estoico aborda el fracaso no como una derrota, sino como un paso necesario en el camino hacia el éxito y el automejoramiento. La honestidad brutal, tanto con uno mismo como con los demás, es una piedra angular del estoicismo, esencial para la verdadera transformación. Para el estoico, cada decisión es una oportunidad para reafirmar o redirigir su camino hacia la virtud, tomando siempre el camino que mejora el alma. El estoico valora la libertad de su alma sobre todas las cosas, entendiendo que la verdadera liberación es la independencia del deseo desenfrenado.

La equidad es central en el pensamiento estoico, impulsando al estoico a tratar todas las situaciones y personas con justicia y sin prejuicio. La paciencia del estoico se manifiesta en su habilidad para esperar los frutos de sus esfuerzos sin desesperación ni ansiedad. Para el estoico, la verdadera comunidad se construye sobre los cimientos de la confianza mutua, el respeto y el compromiso compartido con la mejora continua. El estoico se enfrenta a la incertidumbre de la vida con un espíritu de aventura, viendo cada cambio inesperado como una puerta a nuevas posibilidades.

La visión del mundo del estoico está libre de ilusiones; busca ver la realidad en su forma más pura y actuar en consecuencia. El dominio de uno mismo que busca el estoico es un escudo contra la tiranía de los impulsos y emociones efímeros. En la tranquilidad del amanecer, el estoico reflexiona sobre su día, planificando actos de bondad y momentos de reflexión consciente. La sabiduría estoica enfatiza la importancia de vivir el momento actual con plena atención y dedicación a lo que realmente importa. La vida del estoico es un testimonio de que el contentamiento y la plenitud surgen más de la calidad de nuestros pensamientos que de la cantidad de nuestros bienes. El estoico utiliza la adversidad como un campo de entrenamiento para fortalecer su carácter y profundizar su comprensión de la vida. La gratitud en el estoicismo se extiende más allá de lo material, abrazando las experiencias y las relaciones que moldean y enriquecen la vida.

Para el estoico, cada interacción es una oportunidad para practicar la virtud, ya sea en momentos de tranquilidad o de conflicto. La disciplina estoica en el pensamiento lleva al estoico a cuestionar continuamente sus suposiciones y a buscar claridad y verdad en todas las cosas. El estoico abraza la soledad no como un signo de aislamiento, sino como una oportunidad para la introspección y la conexión más profunda consigo mismo. La vida del estoico es una obra de arte en constante creación, donde cada elección pinta el lienzo de una existencia deliberadamente bella y significativa. En el estoicismo, la amabilidad no es simplemente una cortesía, sino una profunda expresión de respeto por la sagrada chispa de racionalidad que cada persona posee.

El estoico ve cada día como un regalo, una hoja en blanco en la que puede escribir con acciones de compasión, coraje y sabiduría. La vida estoica es una danza entre la aceptación de lo que no se puede cambiar y el esfuerzo valiente por cambiar lo que es posible. El estoico no teme a la opinión ajena, pues su compromiso está con su conciencia y su razón, los jueces más fieles y justos. La resolución del estoico de vivir virtuosamente es inquebrantable, basada en una profunda comprensión de que cada momento lleva la semilla de la eternidad. Para el estoico, el perdón es una liberación, un acto de liberar tanto al otro como a uno mismo de las cadenas del pasado. El estoico se enfrenta a cada nuevo desafío con un corazón dispuesto y una mente abierta, listo para extraer lecciones y crecer en comprensión. En la práctica del estoicismo, la serenidad no se logra evadiendo la vida, sino sumergiéndose plenamente en ella, con un corazón inquebrantable y una mente clara.

La humildad estoica es un reconocimiento de nuestras propias limitaciones y un compromiso para superarlas, siempre con respeto por los demás y por uno mismo. El estoico enfrenta la vida con una mezcla de determinación férrea y una gracia suave, sabiendo que la fuerza verdadera es flexible. La confianza del estoico en la lógica y la razón es su brújula, guiándolo a través de decisiones difíciles y momentos de duda. En el corazón del estoicismo yace el entendimiento de que cada ser humano es un reflejo del orden divino, merecedor de dignidad y respeto.

La paz que el estoico busca es robusta y profunda, arraigada en la certeza de su propia virtud y la aceptación del flujo de la vida. La equidad del estoico en todas sus relaciones es un testimonio de su compromiso con la justicia, tratando a cada persona como un fin en sí misma. La vida estoica es un constante ejercicio de equilibrio, buscando siempre el punto medio entre el exceso y la deficiencia, en todas las áreas de la vida. Para el estoico, cada acto de resistencia contra la injusticia es también un acto de afirmación de los principios que definen una vida buena. El autocontrol estoico no es una negación del placer, sino una elección consciente de no dejar que el placer domine el carácter o dicte la conducta. La práctica estoica de la meditación matutina prepara al estoico para el día, equipándolo con las herramientas mentales y emocionales necesarias para enfrentar cualquier prueba.

La resiliencia del estoico es forjada en el fuego de las pruebas, demostrando que la verdadera fortaleza surge de la capacidad de persistir con gracia. El estoico valora cada experiencia como una maestra, creyendo que tanto el éxito como el fracaso tienen lecciones importantes que ofrecer. La visión estoica del universo como un ente racional y ordenado infunde en el estoico un profundo sentido de propósito y pertenencia. La empatía estoica se extiende más allá de las fronteras personales y culturales, buscando entender y aliviar el sufrimiento de todos los seres.

El compromiso del estoico con la mejora continua es incansable, reconociendo que la perfección es un horizonte siempre en movimiento. Para el estoico, la verdadera riqueza no se encuentra en lo material, sino en la acumulación de virtudes y en la riqueza del espíritu. La ecuanimidad del estoico ante la fortuna y la adversidad es un testimonio de su comprensión de que ambas son transitorias y no deben alterar el núcleo de su ser. El estoico se acerca a cada día con un espíritu de gratitud, consciente de que incluso los desafíos más pequeños son oportunidades para crecer. La paciencia del estoico se muestra en su enfoque a largo plazo, sabiendo que los frutos más dulces son aquellos que tardan en madurar. La filosofía estoica enseña que la libertad verdadera es interna, lograda al liberarse de las pasiones y deseos que esclavizan el alma. El enfoque estoico en el deber y la responsabilidad subraya la importancia de actuar no solo por interés personal, sino por el bien mayor. La práctica estoica de la reflexión nocturna ayuda a consolidar las lecciones del día y a prepararse para vivir el próximo con aún mayor sabiduría. El estoico busca la claridad en todas las cosas, aspirando a ver el mundo y a sí mismo sin las distorsiones de la ilusión o el deseo.

La moderación estoica en todas las cosas asegura que ni el exceso ni la deficiencia desvíen al estoico del camino medio de la virtud. La vida estoica es un desafío a vivir con autenticidad, enfrentando cada momento con coraje y convicción, sin importar los obstáculos. Para el estoico, la comunidad es esencial; vive no solo para sí mismo, sino como parte de un tejido social que necesita y nutre. El coraje del estoico no es temerario, sino calculado, nacido de la comprensión profunda de sus capacidades y del contexto en el que actúa. El estoico considera la enseñanza y la guía de otros como una parte esencial de su práctica, extendiendo la sabiduría estoica a través de generaciones.

La austeridad del estoico no es una negación de la vida, sino una afirmación de que la vida más rica es a menudo la más simple. La capacidad del estoico para permanecer centrado en medio del caos es un recordatorio de que la serenidad no es un regalo, sino una habilidad cultivada. El estoico ve cada interacción humana como una oportunidad para ejercer la virtud, desde la más pequeña cortesía hasta los actos de gran sacrificio. La constancia del estoico en sus convicciones proporciona un faro de estabilidad tanto para él como para aquellos que lo rodean. La integridad del estoico se manifiesta en cada decisión, grande o pequeña, como un reflejo de su compromiso inquebrantable con la ética. El estoico abraza el cambio, no con miedo, sino con la confianza de que cada nueva situación es una puerta hacia el crecimiento personal.

La humildad del estoico proviene de su reconocimiento de que, aunque su conocimiento es vasto, el universo lo es aún más. Para el estoico, la verdadera sabiduría se manifiesta en la acción; no basta con saber lo correcto, hay que hacerlo. La disciplina estoica se extiende más allá del autocontrol, alcanzando una autogestión que abarca pensamientos, palabras y obras. El estoico cultiva la tranquilidad no solo para sí mismo, sino como un regalo de paz y estabilidad para los demás. El respeto por la vida lleva al estoico a vivir de manera ética y sostenible, consciente de las consecuencias de cada elección.

La práctica estoica de considerar el bienestar de la comunidad amplía la perspectiva del individuo, enriqueciendo su comprensión y empatía. El estoico enfrenta el dolor y la dificultad con un espíritu de aceptación, sabiendo que son aspectos inevitables de la existencia humana. La integridad estoica es inquebrantable, resistiendo las pruebas tanto de la prosperidad como de la adversidad. La búsqueda estoica de la verdad es incansable, guiada por una razón clara y una profunda introspección. El compromiso del estoico con la mejora personal es un viaje de toda la vida, cada paso impulsado por la pasión por la virtud. La visión estoica del cosmos como un todo lógico y ordenado proporciona un marco para entender la complejidad de la vida y la interconexión de todos los seres. La ecuanimidad del estoico ante la alegría y la tristeza, la ganancia y la pérdida, demuestra su profunda comprensión de la naturaleza efímera de todas las cosas. El estoico valora cada día como un precioso regalo, una nueva oportunidad para vivir con propósito, practicar la virtud y avanzar hacia la sabiduría.

La vida del estoico es un reflejo de sus principios; cada acción, un testimonio de su filosofía y un ejemplo para los demás. La serenidad estoica, cultivada a través de la reflexión y la práctica, permite al estoico navegar las tormentas de la vida con gracia y determinación. El enfoque estoico en el bienestar común fomenta una sociedad basada en la cooperación, la justicia y el respeto mutuo. El estoico entiende que la verdadera libertad se logra a través del dominio de uno mismo, liberándose de las pasiones destructivas y los deseos superficiales. La simplicidad estoica no solo se aplica a las posesiones materiales, sino también a las aspiraciones y deseos, enfocándose en lo que realmente enriquece el alma.

La fortaleza estoica se muestra no solo en la resistencia, sino también en la capacidad de adaptarse y transformar las adversidades en oportunidades. El estoico busca construir relaciones basadas en la sinceridad, la confianza y el apoyo mutuo, reconociendo que la verdadera amistad es un refugio seguro. La práctica estoica del autoexamen es una introspección que ilumina tanto las fortalezas como las debilidades, llevando a un continuo crecimiento personal. La actitud del estoico hacia la vida es una de curiosidad y maravilla, siempre abierto a aprender más sobre el mundo y sobre sí mismo. El estoico se esfuerza por mantener la coherencia entre sus ideales y su conducta, asegurando que sus acciones reflejen fielmente sus valores. La responsabilidad estoica implica un compromiso activo con la propia vida y con las vidas de los demás, actuando siempre con consideración y cuidado. La paciencia y la tenacidad son virtudes clave para el estoico, quien entiende que los mayores logros requieren tiempo y perseverancia. Finalmente, el estoico celebra la vida como una oportunidad para la excelencia moral, cada día una arena en la que demostrar y practicar la virtud en todas sus formas.

EL ESTOICISMO Y LA SABIDURÍA

En el silencio de la madrugada, el estoico contempla la sabiduría como el sol que ilumina el oscuro cielo de la ignorancia. La sabiduría estoica no es un trofeo para exhibir, sino una brújula que guía al alma a través de las tormentas de la vida. Cada decisión tomada con prudencia es una nota en la sinfonía de la sabiduría, resonando a través del cosmos con claridad y propósito. Para el estoico, la sabiduría es el arte de discernir lo que está en nuestro poder cambiar y lo que debemos aceptar con gracia.

Como el río talla el cañón, la sabiduría estoica moldea el carácter, lentamente, con la fuerza suave pero incesante de la razón. La sabiduría en el estoicismo es una llama que arde dentro, no para consumir, sino para iluminar el camino hacia la virtud. En cada amanecer, el estoico ve una nueva página en el libro de la vida, una oportunidad para escribir con acciones sabias y pensamientos puros. La verdadera sabiduría estoica se refleja en la serenidad frente al caos, como el centro inmóvil de un huracán de desafíos.

El estoico encuentra en la naturaleza no solo belleza, sino lecciones eternas de crecimiento, resiliencia y renovación. Para el sabio estoico, cada momento de adversidad es un maestro disfrazado, cuyas lecciones duras pero necesarias forjan el alma en fortaleza. La sabiduría estoica enseña que la verdadera riqueza no se mide en oro o plata, sino en la abundancia de tranquilidad y comprensión.

Como el orfebre refina el oro, el estoico refina su mente, eliminando las impurezas del deseo y el miedo para revelar la pureza del entendimiento. El sabio estoico camina con ligereza sobre la tierra, cada paso un testamento de su compromiso con la vida consciente y deliberada. La sabiduría en el estoicismo es un faro que no solo ilumina el propio camino, sino que también ofrece luz a los que están perdidos en la oscuridad. Cada palabra de un estoico está imbuida de sabiduría, como si cada frase fuera una semilla capaz de crecer en los jardines del entendimiento.

Para el estoico, cada relación es una escuela de sabiduría, donde se aprende el arte de amar, perdonar y crecer juntos en la virtud. El estoico ve en la sabiduría antigua no solo historia, sino un diálogo continuo con los grandes maestros del pasado, cada uno un mentor en el arte de vivir. La disciplina del pensamiento estoico es la disciplina del arquero: cada tiro una práctica de enfoque, precisión y liberación. En el silencio, el estoico escucha la voz de la sabiduría, un susurro suave pero firme que guía desde el interior, siempre hacia la acción correcta.

La paciencia es el pulso de la sabiduría estoica, un reconocimiento de que todo crecimiento verdadero requiere tiempo y no puede ser apresurado. La sabiduría estoica es como el agua que se adapta al recipiente, flexible y fluida, encontrando siempre un camino a través de los obstáculos. Para el estoico, el autoconocimiento es el principio de toda sabiduría, la piedra angular sobre la cual se construye una vida de entendimiento. Cada desafío es una invitación a profundizar en la sabiduría, a mirar más allá de la superficie tumultuosa hacia las aguas tranquilas del entendimiento. El estoico no teme a la soledad, pues en su compañía encuentra a los más sabios consejeros: sus propios pensamientos y reflexiones. La sabiduría estoica florece en la acción; no es suficiente pensar correctamente, uno debe actuar correctamente, en consonancia con los dictados de la razón. En la serenidad del alba, el estoico se prepara para el día con meditaciones que afilan la mente como la espada se afila contra la piedra. Para el estoico, la sabiduría es un jardín cuyos frutos son las acciones justas, cultivados con el riego constante del esfuerzo y la atención.

El perdón es una joya en la corona de la sabiduría estoica, una liberación que aclara la vista y libera el corazón para amar más plenamente. La integridad del estoico es su testimonio más elocuente de sabiduría, un reflejo de la armonía entre sus valores y su vida. Cada error es una oportunidad para la sabiduría estoica; en el reconocimiento y corrección de nuestros errores, encontramos el camino hacia la mejora. La sabiduría estoica nos enseña que la verdadera comprensión viene de aceptar que no todo en la vida puede ser controlado, pero podemos gobernar nuestras respuestas.

Como un faro que guía a los barcos perdidos en la noche, la sabiduría estoica ilumina el camino hacia un puerto seguro de moral y razón. La gratitud es un pilar de la sabiduría estoica, pues reconocer y apreciar lo que tenemos nos enseña a valorar realmente la vida en todas sus formas. En la contemplación de la naturaleza, el estoico encuentra un vasto libro de sabiduría, donde cada hoja y cada brisa enseña lecciones de cambio y persistencia. La sabiduría en el estoicismo no grita desde los tejados, sino que habla en el lenguaje del ejemplo, mostrando el camino con actos más que con palabras. Cada momento de sufrimiento es una escuela de sabiduría para el estoico, quien aprende a transformar el dolor en un entendimiento más profundo de la vida y de sí mismo. La honestidad con uno mismo y con los demás es la esencia de la sabiduría estoica; sin ella, no puede haber verdadero crecimiento ni autocomprensión. La sabiduría estoica nos invita a mirar dentro y fuera de nosotros, a entender que tanto el microcosmo personal como el macrocosmo universal están entrelazados.

El estoico sabe que la sabiduría no es una cuestión de edad, sino de disposición; siempre está dispuesto a aprender, ya sea de los jóvenes o de los ancianos. La compasión estoica es un reflejo de sabiduría, una comprensión de que todos los seres luchan y merecen empatía y ayuda en sus batallas. En la adversidad, el estoico ve una forja de sabiduría, un lugar donde el espíritu se endurece y la comprensión se profundiza a través del desafío. La sabiduría estoica se nutre en el silencio y la reflexión, en la capacidad de estar solo con los propios pensamientos y encontrar en ellos claridad y dirección.

La aceptación estoica de la vida incluye una aceptación de su final inevitable, mirando a la muerte no como una enemiga, sino como una consejera que nos recuerda vivir plenamente. Para el estoico, cada acto de bondad es tanto un acto de sabiduría como de virtud, extendiendo la mano no solo para ayudar, sino también para enseñar y aprender. La sabiduría estoica es como un río que, aunque tranquilo en la superficie, posee profundidades ricas y variadas que solo se revelan a quienes se atreven a sumergirse. En la práctica del perdón, el estoico encuentra una de las más altas expresiones de sabiduría, liberándose a sí mismo y a otros del peso del pasado. La sabiduría del estoico es una sabiduría en acción; es vivida, respirada y demostrada a través de la coherencia entre creencias y comportamientos. El estoico entiende que la verdadera sabiduría a menudo viene disfrazada de simplicidad, revelando verdades profundas en los conceptos más básicos. La perseverancia es clave en la búsqueda de la sabiduría estoica, pues cada obstáculo superado y cada dificultad soportada añade a nuestro entendimiento y fortaleza.

Para el estoico, ser sabio es saber cuándo hablar y cuándo guardar silencio, cuándo actuar y cuándo pausar, siempre alineando la acción con la necesidad y la razón. La sabiduría estoica enseña que no debemos temer a nuestros errores, sino abrazarlos como maestros esenciales en el camino hacia una vida mejor. Cada decisión tomada con prudencia y cada problema enfrentado con serenidad son testimonios del compromiso del estoico con la sabiduría práctica y aplicada.

La libertad estoica viene del entendimiento y el control de las propias pasiones, una sabiduría que libera el alma de las cadenas de reacciones impulsivas. En la quietud de la meditación, el estoico descubre capas de sabiduría que informan su visión del mundo y guían sus interacciones con los demás. La sabiduría en el estoicismo es un viaje de constante automejora, donde cada paso adelante es un paso hacia una comprensión más profunda de la vida. La capacidad del estoico para adaptarse y prosperar en cualquier circunstancia es un reflejo de su profunda sabiduría y su comprensión flexible de la vida. En el corazón del estoicismo, la sabiduría es vista como la luz que guía la moral, la ética y la compasión, iluminando cada aspecto de la vida. Para el estoico, la sabiduría es tanto conocer el mundo externo como entender el universo interno, cada uno un espejo que refleja y enseña al otro. La sabiduría estoica se construye sobre la aceptación de lo inmutable y el coraje para cambiar lo que se puede, siempre con la serenidad como guía.

La sabiduría del estoico se revela en su capacidad para encontrar significado y propósito en todas las cosas, buscando siempre la esencia detrás de la apariencia. El estoico entiende que la sabiduría no reside en acumular conocimiento, sino en aplicarlo con discernimiento y ética en la vida cotidiana. La calma estoica no es indiferencia, sino el resultado de una profunda sabiduría que reconoce que la agitación rara vez resuelve los problemas. En cada paso y decisión, el estoico se esfuerza por equilibrar la razón y la emoción, buscando la sabiduría que reside en ese equilibrio. Para el estoico, aprender a escuchar es tan importante como saber hablar; la sabiduría a menudo se encuentra en las palabras y experiencias de otros.

El estoico ve cada día como una oportunidad para la sabiduría, sabiendo que incluso las más pequeñas interacciones pueden enseñar grandes verdades. La sabiduría estoica implica reconocer y respetar los límites de nuestro conocimiento y control, abrazando la humildad como un valor esencial. En la aceptación de la impermanencia y la transitoriedad de todo, el estoico encuentra una sabiduría que trasciende el miedo y la ansiedad. La serenidad del estoico no es una ausencia de conflicto, sino una respuesta sabia y meditada a las inevitables tensiones de la vida. Para el estoico, la sabiduría también significa saber cuándo cambiar de camino, entendiendo que la flexibilidad es crucial en la búsqueda de la vida buena. La sabiduría del estoico se manifiesta en su capacidad para mantener la perspectiva, viendo más allá de las preocupaciones momentáneas hacia lo que es verdaderamente importante.

En el arte de vivir, el estoico utiliza la sabiduría como su herramienta más preciada, forjando una vida de propósito y paz a través de cada elección consciente. La sabiduría estoica enseña que la verdadera libertad viene de dentro, liberándonos de las cadenas de nuestras propias expectativas y miedos. El estoico practica la sabiduría del desapego, no para negar los placeres de la vida, sino para disfrutarlos sin que estos dicten su felicidad o paz interior. Cada obstáculo que el estoico supera es un testimonio de la sabiduría adquirida, cada dificultad una piedra en el edificio de su comprensión. La sabiduría estoica aboga por una vida de autenticidad y sinceridad, donde las máscaras sociales son innecesarias y la verdad prevalece.

En el estoicismo, la sabiduría no es solo para el individuo, sino para compartir; es vista como una llama que puede iluminar el camino para otros. El estoico entiende que la sabiduría real es inclusiva, extendiéndose más allá del yo para abrazar a la comunidad y al mundo en su conjunto. Para el estoico, la paciencia no es solo una virtud, sino una forma de sabiduría, una comprensión de que todo tiene su tiempo y lugar. La sabiduría estoica invita a una exploración constante del mundo y de uno mismo, un viaje de descubrimiento que nunca se considera completo. En la enseñanza y el aprendizaje, el estoico ve una expresión de sabiduría, un intercambio perpetuo de ideas y experiencias que enriquece y educa. El estoico celebra la sabiduría de la naturaleza, observando cómo cada sistema natural opera con un equilibrio y una eficiencia que la humanidad puede aspirar a emular.

La sabiduría del estoico se refleja en su elección de batallas; sabe cuándo luchar, cuándo retirarse y cuándo cambiar de estrategia, todo por el bien mayor. En la gestión de sus emociones, el estoico muestra su sabiduría, eligiendo responder en lugar de reaccionar, dominando el arte de la calma reflexiva. La sabiduría estoica no busca la eliminación de la tristeza o el dolor, sino su comprensión y su integración en una vida plena y reflexiva. Para el estoico, cada crisis es un aula, cada desafío un examen de su sabiduría y resiliencia, cada superación una graduación.

La sobriedad del juicio estoico proviene de una profunda sabiduría que valora la objetividad y la claridad por encima de la pasión o el prejuicio. El estoico, en su búsqueda de la sabiduría, también busca la belleza, no solo estética sino también la belleza de una vida bien vivida. La sabiduría del estoico se extiende a su consumo, eligiendo lo que nutre más que lo que simplemente satisface, tanto en alimento como en información. En su interacción con el tiempo, el estoico muestra una sabiduría peculiar; cada momento es apreciado, ninguno es desperdiciado, cada segundo es sagrado. La sabiduría del estoico le permite encontrar un centro tranquilo incluso en medio de la vorágine de la vida moderna, un oasis de paz en un desierto de distracción. Para el estoico, la sabiduría también se encuentra en el silencio, en los momentos de quietud donde las verdades más profundas a menudo se revelan. La sabiduría estoica enseña que cada final es también un comienzo; que el cambio, aunque a veces doloroso, es también una puerta a nuevas posibilidades.

El estoico abraza la sabiduría de la impermanencia, viendo en cada despedida y cada cambio una oportunidad para crecer y aprender. En su práctica de la vida, el estoico no solo busca saber, sino comprender; no solo comprender, sino aplicar; no solo aplicar, sino transformar. La sabiduría del estoico se manifiesta en su capacidad para vivir con contradicciones, encontrando armonía incluso en las tensiones de la existencia. Para el estoico, cada día es una mezcla de disciplina y celebración, una disciplina informada por la sabiduría y una celebración enriquecida por la gratitud. La sabiduría del estoico no se mide por su capacidad de evitar errores, sino por su disposición a aprender de ellos, creciendo en comprensión y empatía.

En su búsqueda de la verdad, el estoico es implacable, armado con la sabiduría de que la verdad a menudo requiere coraje tanto para ser buscada como para ser aceptada. La sabiduría estoica es una sabiduría de la aceptación, reconociendo que mientras algunas cosas pueden y deben ser cambiadas, otras deben ser abrazadas tal como son. El estoico ve la sabiduría como el mayor de los bienes, no solo como un medio para vivir, sino como la esencia misma de una vida buena y significativa. La sabiduría estoica se muestra en la habilidad de ver más allá del ahora, comprendiendo que cada momento presente es el eco de un pasado y el susurro de un futuro. En la mente del estoico, la sabiduría es una antorcha que ilumina el camino hacia la virtud, despejando las sombras de la duda y el error. La constancia en la práctica de la virtud es, para el estoico, la verdadera prueba de la sabiduría, pues muestra una comprensión profunda de lo que realmente importa.

El estoico valora la sabiduría de la reflexión tanto como la de la acción, sabiendo que ambas son necesarias para una vida plena y equilibrada. Para el estoico, la sabiduría es el arte de vivir conforme a la naturaleza, entendiendo sus leyes y armonizándose con su curso. Cada paso que el estoico da es guiado por la sabiduría de la experiencia, la cual le enseña que cada caída es también una oportunidad para levantarse con más fuerza. La paciencia del estoico tiene sus raíces en la sabiduría de entender que la naturaleza tiene su propio ritmo y que todo lo que vale la pena requiere tiempo.

En el corazón del estoico, la sabiduría y la compasión son inseparables, pues comprende que entender verdaderamente a los demás es el pilar de la justicia y el amor. La sabiduría del estoico se refleja en su capacidad de mantener la calma en la adversidad, encontrando en su centro un refugio de paz inquebrantable. Para el estoico, la sabiduría es como el agua: esencial, revitalizante y capaz de adaptarse y fluir alrededor de cualquier obstáculo. La vida del estoico es un testimonio de que la sabiduría no consiste en la acumulación de conocimientos, sino en la purificación del alma y la clarificación de la visión. El estoico ve cada experiencia como una lección en el libro de la vida, donde la sabiduría es la maestra que guía cada capítulo hacia un final de entendimiento y paz. En la práctica de la sabiduría, el estoico aprende el arte de la negociación entre el deseo y el deber, encontrando un camino que satisface tanto al corazón como al espíritu. La sabiduría estoica es un farol que ilumina no solo el camino personal del estoico, sino también el de aquellos que lo rodean, ofreciendo luz y guía. Para el estoico, la sabiduría verdadera se manifiesta en acciones pequeñas y cotidianas que, sumadas, forman una vida de significado profundo y autenticidad.

La capacidad del estoico para perdonar y seguir adelante es alimentada por una sabiduría que comprende la falibilidad humana y valora la redención. El estoico aborda la incertidumbre con una sabiduría que abraza el misterio de la vida, explorando cada incógnita no con temor, sino con curiosidad y coraje. En la gestión de sus emociones, el estoico revela una profunda sabiduría sobre la naturaleza humana, usando su entendimiento para fomentar la armonía interna y externa. La sabiduría del estoico en la amistad se muestra en su elección de compañeros que no solo comparten sus días, sino también sus valores más profundos y aspiraciones.

Para el estoico, cada acto de bondad es un reflejo de sabiduría, una comprensión de que la verdadera fuerza se encuentra en la gentileza y la generosidad. La sabiduría estoica enseña que la libertad más grande es la liberación de las pasiones destructivas, un escape de las prisiones del ego y del deseo desenfrenado. En la meditación, el estoico descubre capas de sabiduría que forman el fundamento de su paz y estabilidad, como las raíces de un árbol antiguo sostienen su tronco. El estoico comprende que la sabiduría no siempre grita; a menudo susurra, y sólo aquellos que están tranquilos y atentos pueden escuchar su voz. La sabiduría del estoico le permite enfrentar el envejecimiento y la muerte no con miedo, sino con un reconocimiento sereno de su lugar natural en el ciclo de la vida. Para el estoico, la sabiduría se encuentra en la aceptación de que, aunque no podemos controlar todas las circunstancias, podemos dominar nuestras respuestas a ellas.

La sabiduría del estoico se nutre en el estudio de la vida misma; cada ser humano, cada encuentro es una clase en la universidad del universo. En el amor y las relaciones, el estoico aplica su sabiduría para cultivar conexiones profundas y duraderas, basadas en el respeto mutuo y el entendimiento. La sabiduría del estoico le enseña a celebrar tanto los éxitos como los fracasos, sabiendo que ambos son necesarios en la forja del carácter y la comprensión. Para el estoico, la simplicidad es sabiduría, porque al reducir lo superfluo, se amplifica lo esencial, y la vida se vuelve más rica y clara. El estoico utiliza la sabiduría como un escudo contra la adversidad y como un cincel para esculpir su destino, moldeando la realidad con paciencia y determinación.

La vida del estoico es una encarnación de la sabiduría práctica, donde cada elección y cada acción son consideradas y llenas de propósito. En la resolución de conflictos, el estoico muestra una sabiduría que busca la reconciliación y la comprensión, en lugar de la victoria a cualquier costo. La sabiduría del estoico en el manejo del tiempo se refleja en su habilidad para priorizar lo que realmente importa, dejando de lado lo trivial y efímero. Para el estoico, la sabiduría también implica conocer sus propias limitaciones, un entendimiento que guía su aprendizaje continuo y su humildad. La sabiduría del estoico se extiende a su entorno, cuidando y respetando la naturaleza como un reflejo del orden cósmico y como fuente de enseñanza. En la búsqueda de la justicia, el estoico aplica su sabiduría para equilibrar la compasión con la equidad, buscando siempre el bien mayor.

La práctica estoica de la sabiduría se ve en la economía de palabras del estoico; habla no cuando debe, sino cuando algo significativo necesita ser dicho. La sabiduría del estoico se revela en su tranquilidad ante la crítica; escucha, evalúa y aprende, sin permitir que el ego nuble su juicio. Para el estoico, cada día es una oportunidad de enseñanza y aprendizaje, un intercambio continuo de sabiduría que enriquece tanto al maestro como al estudiante. La sabiduría del estoico se manifiesta en su capacidad para ver la belleza en lo ordinario, encontrando lo sublime en la simplicidad de la vida diaria.

En su compromiso con el crecimiento personal, el estoico demuestra una sabiduría que valora el desarrollo continuo sobre la complacencia o la estagnación. La sabiduría del estoico en asuntos financieros y materiales no se centra en la acumulación, sino en la gestión prudente y ética de los recursos. Para el estoico, la verdadera sabiduría se alcanza cuando la paz interior y la claridad mental se mantienen incluso en las circunstancias más desafiantes. La capacidad del estoico para mantener relaciones armoniosas se basa en una sabiduría que valora la sinceridad, la lealtad y la apertura emocional. En su interacción con el cambio, el estoico aplica la sabiduría para fluir con la transformación, abrazándola como una parte inevitable y beneficiosa de la vida. La vida del estoico es un testimonio de que la sabiduría no es solo un concepto filosófico, sino una forma práctica y vivida de interactuar con el mundo. La sabiduría del estoico le permite encontrar soluciones donde otros ven problemas, aplicando su entendimiento profundo para navegar los desafíos con gracia.

Para el estoico, cada acto de generosidad es tanto un acto de sabiduría como de bondad, reconociendo que dar es una forma de enriquecer el propio espíritu. La sabiduría del estoico se ve en su habilidad para comprometerse con la vida plenamente, viviendo cada momento con un propósito y una pasión informados. En el arte de la sabiduría, el estoico es tanto estudiante como maestro, siempre aprendiendo de la vida y siempre dispuesto a compartir las lecciones aprendidas. La sabiduría del estoico se manifiesta en su resiliencia ante la adversidad, comprendiendo que cada desafío es una lección disfrazada.

Para el estoico, la prudencia es una forma de sabiduría que guía cada decisión, considerando no solo el presente, sino también las repercusiones futuras. La vida del estoico es un reflejo de una sabiduría que equilibra la acción con la contemplación, asegurando que cada paso sea meditado y significativo. En el manejo de la ira y el resentimiento, el estoico demuestra sabiduría al elegir la paz interna por encima de la reacción impulsiva. La sabiduría estoica enseña la importancia de la integridad, viviendo una vida donde las acciones siempre reflejan los valores más profundos. Para el estoico, adaptarse a los cambios con gracia es una prueba de sabiduría, sabiendo que la flexibilidad es clave para mantener la armonía con el mundo. La sabiduría en el estoicismo abraza la incertidumbre de la vida, enfrentando lo desconocido con curiosidad y confianza, en lugar de con miedo. El estoico ve la sabiduría en cada interacción humana, cada conversación es una oportunidad para aprender y crecer juntos. La capacidad del estoico para mantener su propósito a pesar de las distracciones muestra una sabiduría que prioriza lo esencial sobre lo efímero.

Para el estoico, la verdadera sabiduría implica reconocer la belleza y el valor en los momentos pequeños, encontrando profundidad en lo cotidiano. El estoico utiliza la sabiduría como herramienta para cultivar la paz, tanto interna como externamente, creando un ambiente de calma y respeto. En su búsqueda de la sabiduría, el estoico se esfuerza por mantener un equilibrio entre enseñar y ser enseñado, reconociendo que en ambos roles se encuentra el crecimiento. La sabiduría del estoico se refleja en su capacidad para discernir cuándo es necesario actuar y cuándo es mejor dejar que las cosas tomen su curso.

Para el estoico, la sabiduría no es solo un objetivo final, sino un camino continuo de autodescubrimiento, auto desafío y autorrealización. La sabiduría estoica fomenta la autosuficiencia, enseñando que la mayor seguridad y satisfacción provienen de dentro, no de las circunstancias externas. En la práctica de la virtud, el estoico revela una sabiduría profunda, sabiendo que la verdadera felicidad deriva de vivir de acuerdo con principios éticos. Para el estoico, cada error es una invitación a cultivar sabiduría, aprendiendo de las fallas para mejorar y fortalecer el carácter. La sabiduría del estoico le permite ver más allá de las máscaras sociales, comprendiendo las verdaderas motivaciones y emociones que guían a los demás. En la simplicidad de su vida, el estoico encuentra una sabiduría profunda, despojándose de lo superfluo para concentrarse en lo verdaderamente valioso.

La sabiduría estoica enseña que la gratitud es esencial, pues cultivar un corazón agradecido es abrirse a la riqueza de la vida en todas sus formas. Para el estoico, ser sabio implica también ser valiente, enfrentando la verdad con la fortaleza de aceptarla y vivir conforme a ella. La sabiduría del estoico se muestra en su capacidad para ser un faro de estabilidad y serenidad para aquellos que enfrentan tempestades en sus vidas. En el estoicismo, la sabiduría es también una cuestión de tiempo —saber cuándo esperar, cuándo presionar, y cuándo retirarse es crucial para vivir bien.

Para el estoico, cada acto de perdón es un acto de sabiduría, reconociendo que soltar el pasado es esencial para abrazar plenamente el presente. La vida del estoico es un testimonio de que la sabiduría verdadera implica una mezcla de conocimiento, compasión, y la práctica consciente de la ética. El estoico aborda la vida con una sabiduría que valora más las respuestas reflexivas que las reacciones rápidas, eligiendo la profundidad sobre la velocidad. La sabiduría estoica se revela en la quietud, en esos momentos de calma donde la claridad surge y las verdaderas respuestas se hacen evidentes. Para el estoico, la sabiduría se manifiesta en la habilidad para mantener tanto la esperanza como el realismo, equilibrando ideales con la práctica diaria. El estoico sabe que la sabiduría es un bien compartido; cuanto más se extiende, más retorna, enriqueciendo a la comunidad y al individuo por igual. La sabiduría en el estoicismo es como un árbol en crecimiento, expandiendo constantemente sus raíces y extendiendo sus ramas hacia nuevas luces y verdades.

Para el estoico, cada decisión lleva el peso de la sabiduría, cada elección es un reflejo de una vida dedicada a la búsqueda del conocimiento y la verdad. La sabiduría del estoico le permite enfrentar el final de la vida con tranquilidad y aceptación, viendo la muerte como un retorno natural al orden del cosmos. En la sabiduría estoica, se encuentra una invitación a vivir con plenitud y propósito, reconociendo que cada instante es un regalo precioso. Para el estoico, la sabiduría implica un compromiso con la justicia, viviendo de manera que se fomente la equidad y el bienestar de todos.

La vida del estoico es una demostración de sabiduría en acción: deliberada, consciente y siempre orientada hacia el crecimiento y la mejora. En la filosofía estoica, la sabiduría no es solo para el yo, sino para el mundo: se busca mejorar no solo la vida propia, sino también la de los demás. Para el estoico, la sabiduría verdadera es aquella que se vive cada día, no aquella que se almacena como un tesoro oculto. El estoico encuentra en la sabiduría la clave para la liberación de las ataduras del ego, las pasiones y los miedos que limitan el espíritu humano. La sabiduría del estoico se mide no en palabras o ideas, sino en la calidad y profundidad de sus relaciones con otros y consigo mismo. Para el estoico, cada momento de enseñanza es también un momento de aprendizaje, una dualidad que enriquece y expande su comprensión del mundo. La sabiduría estoica busca siempre la armonía, tanto interna como externa, guiando al estoico a través de conflictos y desafíos con un espíritu de paz y resolución.

En la vida del estoico, la sabiduría se muestra en la capacidad de adaptarse y prosperar en cualquier entorno, utilizando los recursos internos de la razón y la virtud. Para el estoico, la sabiduría implica una apertura al cambio, una disposición para acoger nuevas ideas y experiencias que pueden enriquecer el alma. La sabiduría del estoico se forja en el reconocimiento de que cada ser humano es un maestro potencial, cada encuentro una lección potencial. En su viaje hacia la sabiduría, el estoico aprende a valorar cada paso, comprendiendo que el camino mismo es tan importante como el destino. Para el estoico, la sabiduría es tanto una búsqueda como un destino, un proceso continuo de cuestionamiento, descubrimiento y aplicación.

La vida del estoico, guiada por la sabiduría, es una vida de equilibrio: entre el dar y el recibir, el enseñar y el aprender, el hablar y el escuchar. La sabiduría estoica enseña que la verdadera comprensión viene de la integración de todos los aspectos de la vida en un todo coherente y orientado hacia el bien. En el estoicismo, la sabiduría es el arte de vivir bien, una habilidad que se perfecciona a través de la práctica constante y el compromiso con la excelencia personal. Finalmente, para el estoico, la sabiduría es el bien más preciado, el tesoro que una vez adquirido, proporciona riqueza eterna en todas las facetas de la vida.

LA PERSEVERANCIA DEL ESTOICO

En el amanecer de cada día, el estoico se levanta no solo para enfrentar el mundo, sino para continuar la batalla interna por la excelencia, con una perseverancia que no conoce el cansancio. La perseverancia del estoico es como el río que esculpe el cañón: silenciosa, constante, inevitablemente moldeando la piedra con su inquebrantable fluir. Para el estoico, cada desafío es un peldaño en la escalera del crecimiento, donde la perseverancia es la mano que nunca suelta el barandal, por empinado que sea el ascenso.

En el corazón del estoico arde una llama inextinguible, una luz de perseverancia que ni los vientos más fuertes de la adversidad pueden apagar. Como el árbol que se aferra a la tierra, el estoico se arraiga en sus principios, resistiendo las tormentas de la fortuna con una resistencia que nace del profundo conocimiento de su propio valor. La perseverancia del estoico no es un grito en la batalla, sino un susurro de convicción, constante y suave, que habla de la fuerza de persistir cuando todo lo demás invita a rendirse. Cada mañana, el estoico renueva su compromiso con la virtud, su perseverancia es un pacto firmado con el alba, un acuerdo sagrado que no admite cláusulas de escape. En la forja de la voluntad, la perseverancia del estoico es el martillo que nunca descansa, modelando el hierro de su carácter en la espada de la sabiduría. Para el estoico, la perseverancia es el arte de ver cada obstáculo como una invitación a fortalecerse, cada revés como una oportunidad para profundizar su entendimiento y su gracia. Como la estrella que no titila, así es la perseverancia del estoico: fija, serena, guiando su camino a través de la oscuridad de la incertidumbre con la luz de la razón y la fortaleza.

En el silencio de su corazón, el estoico guarda la promesa de seguir adelante, de marchar con firmeza hacia sus metas, sin importar cuántas veces caiga en el camino. La perseverancia del estoico es su amor más fiel, el compañero constante en su viaje hacia la automejora, siempre presente, siempre paciente. Como el mar que besa incansablemente la orilla, así besa el estoico su vida con acciones de perseverancia, cada ola una nueva declaración de su compromiso con la vida virtuosa. El estoico ve en cada amanecer no solo el comienzo de un día, sino la continuación de una lucha por vivir auténticamente, una batalla que gana con la tenacidad de su espíritu.

En el jardín de la existencia, la perseverancia es el agua que el estoico vierte generosamente, cultivando las flores de la paciencia, la fortaleza y la sabiduría. La perseverancia del estoico es un puente construido sobre el abismo del desaliento, un paso firme tras otro, mantenido por la certeza de que cada paso es un triunfo sobre la duda. Para el estoico, la perseverancia es el hilo con el que teje el tapiz de su destino, cada hebra un acto de coraje, cada color una sombra de su constancia. Como el escultor con el mármol, el estoico trabaja su alma con el cincel de la perseverancia, revelando la estatua de la virtud oculta en la piedra bruta de la adversidad. La perseverancia del estoico no busca aplausos ni reconocimientos; es una práctica solitaria, un compromiso personal con sus ideales, donde la única audiencia es su propia conciencia. En la música de la vida, la perseverancia es la nota que el estoico toca una y otra vez, una melodía persistente que se eleva por encima de la cacofonía de las tentaciones y los miedos.

El estoico enfrenta el flujo de la vida con la determinación de un capitán en el mar tormentoso, su perseverancia es el timón que mantiene el curso, sin importar cuán altas sean las olas. Como el sol que persiste a través de las nubes, así persiste el estoico a través de las pruebas, su luz de perseverancia brillando con una esperanza que no conoce el ocaso. La perseverancia del estoico es su oración más sincera, una devoción diaria a la mejora, un acto de fe en el poder de la persistencia. Cada paso del estoico es una afirmación de su resistencia, un testimonio silencioso pero elocuente de su firme decisión de seguir adelante, siempre adelante.

En el teatro de su vida, la perseverancia del estoico es el papel que siempre elige interpretar, sabiendo que en este papel encuentra la esencia de su ser y la clave de su paz. Como el alpinista que escala la montaña, el estoico usa la cuerda de la perseverancia para alcanzar las alturas de su potencial, cada agarre una victoria sobre la complacencia. La perseverancia del estoico es un río que talla su propio cauce en el paisaje de su vida, un flujo constante de esfuerzo y dedicación que moldea su destino. Para el estoico, cada día es una página en blanco donde escribe con la tinta de su perseverancia, cada palabra una promesa de continuar, de no rendirse nunca. En el jardín del espíritu, el estoico cultiva la flor de la perseverancia, regándola con el agua de su voluntad y cuidándola con la luz de su disciplina. La perseverancia del estoico es como el fuego en el frío invierno: un calor que sostiene, una luz que guía, una fuerza que protege contra el helado soplo del desánimo. La perseverancia del estoico es el eco de sus pasos en el camino de la vida, cada uno resonando con el firme propósito de avanzar sin vacilación.

En el vasto océano de la existencia, el estoico navega con la vela de la perseverancia, guiado por las estrellas de la sabiduría y la razón. Cada desafío que el estoico supera es un testimonio de su perseverancia, una cadena de victorias forjadas en la tenacidad de su espíritu. Para el estoico, la perseverancia es una danza con el tiempo, moviéndose al ritmo de la paciencia, cada paso un compromiso con la continuidad y la constancia. Como el pintor ante el lienzo, el estoico aplica la perseverancia con brochazos de esfuerzo y dedicación, coloreando su vida con la paleta de la virtud.

En el silencio de la adversidad, la perseverancia del estoico susurra palabras de aliento, recordándole que la resiliencia es una forma más profunda de diálogo con el destino. La perseverancia del estoico es como una antorcha en la noche de la duda, un faro de claridad y convicción que disipa las sombras del miedo. Cada día, el estoico construye el muro de su fortaleza con los ladrillos de la perseverancia, cada uno colocado con la argamasa de la disciplina y la determinación. Para el estoico, la perseverancia es la música de su vida, una sinfonía de acciones consecuentes que toca con la orquesta de su voluntad y compromiso. En el jardín de las oportunidades, el estoico es el jardinero que, con la herramienta de la perseverancia, poda las ramas del desaliento y cultiva las flores del logro. La perseverancia del estoico es su firma en el contrato de la vida, una rúbrica que declara su intención de cumplir con cada cláusula de su compromiso personal. Como el poeta con su poema, el estoico reescribe su destino con la pluma de la perseverancia, cada línea un reflejo de su inquebrantable espíritu.

En el teatro de lo imprevisto, la perseverancia del estoico es el actor que nunca olvida su guion, interpretando cada rol con integridad y constancia. La perseverancia del estoico es la llave que abre las puertas del potencial, una llave forjada en el fuego de su propia determinación. Cada desilusión para el estoico es una lección en la escuela de la perseverancia, donde aprende a convertir la tristeza en fuerza y el fracaso en fundamento. La perseverancia del estoico es una estrella en el cielo de su conciencia, siempre presente, siempre brillante, guiándolo a través de la oscuridad de la incertidumbre.

En la carrera de la vida, el estoico no siempre corre, pero nunca se detiene; su perseverancia es un paso constante hacia adelante, sin importar la velocidad. Como el escultor que ve la figura dentro del mármol, el estoico ve su futuro ideal dentro del presente real y lo libera con los cinceles de la perseverancia. La perseverancia del estoico es un río que, aunque obstaculizado, siempre encuentra un camino, rodeando rocas, atravesando terrenos, inexorablemente hacia su destino. Para el estoico, la perseverancia es la moneda de su reino interior, el valor con el cual compra cada día de progreso y cada momento de paz. En la batalla contra la complacencia, la perseverancia del estoico es su espada más afilada, cortando a través de la mediocridad hacia la excelencia. Como el maestro que no se cansa de enseñar, así es la perseverancia del estoico, un mentor incansable que educa su alma en las disciplinas de la vida. La perseverancia del estoico es un poema escrito en el lenguaje del esfuerzo, cada estrofa una declaración de su resistencia y cada verso un voto de su determinación.

En el libro de su vida, la perseverancia es el tema recurrente del estoico, el hilo dorado que cose juntas todas las páginas de su existencia. La perseverancia del estoico no es una carga, sino sus alas; le permite elevarse por encima de las circunstancias, volando hacia horizontes de mayor comprensión y logro. Para el estoico, la perseverancia es una forma de oración, una meditación en movimiento donde cada acción reafirma su fe en la posibilidad del cambio y la mejora. En el jardín del tiempo, la perseverancia del estoico es el árbol más robusto, cuyas raíces profundas se aferran a la tierra de sus convicciones y cuyas ramas alcanzan hacia el cielo de sus aspiraciones.

La perseverancia del estoico es un viaje en un mar sin horizonte, donde cada remada fortalece su espíritu y cada ola enfrentada le enseña nuevas estrategias para navegar la vida. En el crisol de la vida, la perseverancia es el fuego que purifica al estoico, quemando las impurezas de la duda y templando el acero de su voluntad. La perseverancia del estoico es su respuesta al enigma del destino, una afirmación de que, aunque no puede controlar cada variable, puede influir en el resultado con su constancia y tenacidad. La perseverancia del estoico es como una antorcha en una caverna oscura, iluminando el camino hacia adelante y revelando las verdades ocultas en las sombras. Para el estoico, cada nuevo desafío es una página en blanco en la que escribe con la tinta de su inquebrantable determinación, registrando los logros de su constancia. La perseverancia del estoico no busca el aplauso rápido, sino la recompensa duradera de un carácter bien forjado y una vida plenamente vivida.

Como el alba que persevera hasta romper la oscuridad de la noche, así persiste el estoico, sabiendo que tras la más larga de las noches espera la luz. La perseverancia del estoico es una conversación continua con su yo futuro, un diálogo hecho de acciones y decisiones que diseñan el mañana. En el lienzo del destino, la perseverancia del estoico es el pincel que no deja de moverse, cada trazo una afirmación de su resolución y su esperanza. Para el estoico, la perseverancia es un río de plata que fluye a través del paisaje cambiante de la vida, siempre en movimiento, siempre fiel a su curso.

La perseverancia del estoico es su poesía más poderosa, una composición de esfuerzos y resistencias que cantan la melodía de la victoria sobre la adversidad. En la sinfonía de la existencia, la perseverancia del estoico es la nota que se sostiene, un tono constante que armoniza y da profundidad a la música de la vida. Cada mañana, el estoico se calza las sandalias de la perseverancia, preparado para caminar por el sendero de sus convicciones, sin importar lo empinado o pedregoso que pueda ser. La perseverancia del estoico es un faro que guía no solo su propio camino, sino también el de aquellos que buscan luz en tiempos de oscuridad. Para el estoico, la perseverancia es el alimento diario de su espíritu, el sustento que fortalece su alma y lo prepara para los desafíos de cada día. Como el escultor que da forma a la piedra con golpes repetidos, el estoico moldea su destino con el cincel de su perseverancia, cada impacto un paso hacia la forma deseada.

La perseverancia del estoico es su danza bajo la lluvia, moviéndose al ritmo de la adversidad con una gracia que desafía las tormentas de la vida. En la biblioteca de su experiencia, cada libro que el estoico elige leer es un volumen de perseverancia, lleno de historias de resistencia y triunfos obtenidos con esfuerzo. La perseverancia del estoico es un acto de fe en sí mismo y en su capacidad para superar, una creencia en su poder para transformar desafíos en oportunidades. Para el estoico, la perseverancia es el arte de mantener la calma en el ojo del huracán, centrado y sereno mientras todo a su alrededor está en movimiento. Cada paso que el estoico da hacia adelante es un testimonio de su perseverancia, un eco de sus pasos anteriores que resuena con la promesa de los que aún están por dar.

La perseverancia del estoico es una medalla forjada en el calor de innumerables batallas, no contra enemigos externos, sino contra las propias dudas y desalientos. En el jardín de sus días, el estoico cultiva la flor de la perseverancia con el agua de su sudor y la luz de su disciplina, viendo florecer los frutos de su labor. La perseverancia del estoico es su compañera más leal, la sombra que lo sigue en cada viaje y la luz que ilumina su sendero en los momentos más oscuros. Para el estoico, cada acto de perseverancia es una victoria sobre el desánimo, un desafío lanzado a la facilidad y a la complacencia. En el vasto océano de su existencia, el estoico rema con la perseverancia de quien conoce la dirección de su puerto y la certeza de que las corrientes no pueden desviarle. La perseverancia del estoico es un himno que canta con cada amanecer, una melodía de esperanza y fortaleza que se renueva con cada nuevo sol.

Cada dificultad que el estoico supera es una estrella en el firmamento de su perseverancia, un recordatorio luminoso de su capacidad para superar la noche más negra. Para el estoico, la perseverancia es un puente colgante sobre el abismo del fracaso, tejido con las cuerdas de su voluntad y sostenido por los pilares de su fe en sí mismo. La perseverancia del estoico es su declaración de independencia, un manifiesto que proclama su liberación de la tiranía de las circunstancias y su soberanía sobre el espíritu. En la orquesta de su vida, la perseverancia del estoico es el instrumento que nunca desafina, siempre listo para tocar su parte con precisión y pasión.

Cada nuevo desafío es para el estoico como un grano de arena en la ostra: una irritación que, con tiempo y perseverancia, se transforma en una perla de gran valor. La perseverancia del estoico es una antorcha que ilumina el camino para las generaciones futuras, un legado de resistencia y constancia que inspira a quienes siguen sus pasos. En el relato de su vida, cada capítulo que el estoico escribe está impregnado de perseverancia, narrando una saga de resistencia heroica y conquistas morales. Para el estoico, la perseverancia es el sol que nunca se pone, un astro constante en el cielo de su compromiso con la mejora continua y el crecimiento personal. La perseverancia del estoico es un río que fluye con determinación hacia el mar de sus sueños, alimentado por las aguas de su tenacidad y su fe inquebrantable. En el campo de batalla de la vida, la perseverancia es la armadura del estoico, protegiéndolo de las flechas del desánimo y fortaleciéndolo contra los asaltos del destino.

Cada mañana, el estoico se arma con la espada de la perseverancia, listo para enfrentar las pruebas del día con un espíritu indomable y una resolución férrea. La perseverancia del estoico es una canción de cuna que susurra en la noche de la desesperación, arrullando sus miedos y acunando sus esperanzas hasta el amanecer. En el desfile de los días, la perseverancia del estoico es un estandarte que ondea alto, visible para todos como un símbolo de su dedicación y su coraje. Para el estoico, la perseverancia es el hilo con el que cose las alas de su ambición, un hilo tejido de sueños y disciplina que lo eleva por encima de las nubes del ordinario.

La perseverancia del estoico es un voto renovado cada mañana, una promesa de continuar luchando, de seguir creciendo, de nunca rendirse. En la galería de su vida, cada obra que el estoico crea es un retrato de perseverancia, una colección de momentos capturados que juntos narran la historia de un espíritu inquebrantable. En el sereno amanecer, donde el mundo aún reposa, ahí encuentro mi fuerza, pues la perseverancia es el susurro del alba que nunca desiste. Así como el río talla el cañón no con fuerza, sino con constancia, nuestra vida se forja en el molde de nuestra perseverancia diaria. La verdadera medida de nuestra resiliencia no se encuentra en nuestras victorias, sino en cuántas veces nos levantamos después de caer. Perseverar es plantar árboles bajo cuya sombra quizás nunca te sientes, pero sabiendo que ofrecerán refugio a futuras generaciones. En cada esfuerzo, la naturaleza de nuestro espíritu se revela; perseverar es entonces, reconocer que cada intento nos define más que cualquier éxito efímero.

La perseverancia del estoico no grita, trabaja en silencio, sabiendo que el tiempo les pertenece a aquellos que esperan sin desesperar. Cada día lleva en sí la eternidad de una oportunidad; perseverar es entender que cada amanecer es un nuevo lienzo para pintar nuestra fortaleza. El obstáculo se convierte en el camino; cada desafío es un maestro disfrazado que invita a nuestra alma a crecer más fuerte y sabia. En la quietud de mi reflexión, entiendo que perseverar es amar el proceso más que el resultado, amar el caminar más que la llegada. El estoico sabe que el fuego que se enfrenta con más madera arde con mayor brillo; así, cada prueba añade luz a nuestro ser.

Como el árbol que se aferra a la tierra, así nuestra voluntad debe enraizarse en el propósito, inquebrantable frente a las tormentas de la vida. La fortaleza del espíritu no se ve en el evitar las adversidades, sino en enfrentarlas de frente, con un corazón tranquilo y una mente clara. La perseverancia es el arte de vencer el tedio; es encontrar el valor en la rutina, sabiendo que cada paso repetido nos acerca más a la cima. Como las estrellas que no titubean en su curso, nuestra determinación debe ser un faro constante que guía nuestro camino a través de la noche más oscura. No hay mayor enemigo que la duda interna; perseverar es entonces silenciar esas voces, es tener la certeza de que estamos hechos para resistir y conquistar. En cada latido de nuestro corazón resuena el eco de la posibilidad; la perseverancia es entonces escuchar esa melodía y danzar al ritmo de nuestros sueños.

La perseverancia del estoico no es una carga, es un honor; es la oportunidad de demostrar, día tras día, la calidad de nuestro carácter. En el tejido de la existencia, cada hilo de esfuerzo contribuye a la belleza del conjunto; perseverar es entonces nunca dejar de tejer, a pesar del viento. La sabiduría del tiempo nos enseña que todo lo valioso requiere paciencia; perseverar es entonces el acto de honrar el tiempo con nuestro esfuerzo continuo. Como el mar que no cesa de besar la orilla, sin importar cuántas veces se le rechace, así debemos nosotros retornar siempre a nuestros propósitos. Perseverar es el silencioso pacto entre el alma y sus metas, un compromiso que no entiende de rendiciones, solo de renovadas promesas cada mañana.

El coraje de continuar, incluso cuando el camino se desdibuja, es la esencia de la perseverancia; es el arte de navegar en la oscuridad con la luz de nuestra voluntad. Como la montaña permanece imperturbable ante el viento, así debe ser nuestra determinación: firme, majestuosa y eterna. La perseverancia no es solo persistir, es crecer; cada desafío enfrentado expande los límites de nuestro ser. En el corazón de cada dificultad yace una joya oculta de sabiduría; perseverar es el acto de tallar hasta revelar esa belleza interior. El espíritu estoico encuentra música en la repetición, poesía en la persistencia, y en cada repetido intento, una oportunidad para una ejecución más perfecta. La verdadera fortaleza se revela en la calma con la que enfrentamos la tempestad, y la perseverancia es nuestra ancla, manteniéndonos estables y serenos. El acto de perseverar es como tejer una tela con hilos de tiempo y esfuerzo, donde cada punto es esencial para la integridad del todo.

La vida nos prueba no para mostrar nuestras debilidades, sino para enseñarnos la fuerza de nuestra perseverancia, el verdadero poder del espíritu humano. Como el sol que se levanta cada día sin fallar, así debe ser nuestro compromiso con nuestros sueños, inquebrantable y luminoso. En la quietud de la perseverancia, encontramos un refugio contra la vorágine del desaliento; es nuestro oasis privado de paz y determinación. La perseverancia es la llave que abre las puertas cerradas por el tiempo y la duda; es nuestra fiel compañera en la búsqueda de lo que vale la pena. Cada paso adelante en la adversidad es una victoria sobre las sombras de nuestro miedo; perseverar es entonces un acto de iluminación.

El estoico ve en cada final un nuevo comienzo; la perseverancia no es un episodio, sino un eterno renacimiento de compromiso y esperanza. Como el río que moldea la piedra, la perseverancia moldea el carácter; es el agua persistente que suaviza nuestras aristas más ásperas. No hay crepúsculo que detenga al que persevera, pues cada ocaso es visto no como un final, sino como la promesa de un nuevo día. La perseverancia es la poesía del esfuerzo humano, donde cada verso es un día, y cada estrofa una vida dedicada a la grandeza del espíritu. En el silencio de la adversidad, escucha la voz de tu perseverancia; es la melodía que te guiará a través de la oscuridad hacia la luz de la realización. El arte de perseverar no se mide por el tiempo que resistimos, sino por la profundidad con la que transformamos cada desafío en una escalera hacia lo sublime.

Como el carpintero que trabaja la madera con respeto y paciencia, así debemos moldear nuestra vida con la perseverancia de quien sabe que cada astilla forma parte del todo. La grandeza del estoico no se encuentra en la ausencia de caídas, sino en la gracia con la que se levanta, tiempo y vez, forjando con su perseverancia un legado de resiliencia. Perseverar es aprender el idioma de la paciencia, es entender cada espera como un capítulo necesario en el libro de nuestra evolución. Como el escultor que libera la forma de la piedra con cada golpe paciente, así debemos liberar nuestra mejor versión con cada acto de tenacidad.

La perseverancia no se jacta, trabaja en el silencio de las sombras, fiel a la labor que forja el carácter más allá de la mirada de los demás. En la senda del estoico, cada obstáculo es un maestro más severo y justo; cada lección de perseverancia es un escalón hacia la sabiduría. Como las olas del mar que, sin cesar, modelan la orilla, así nuestra constancia debe moldear la realidad, suave pero implacablemente. Perseverar es hacer de cada pequeño esfuerzo un acto de fe en uno mismo, una creencia inquebrantable en la propia capacidad de superar y prosperar. La verdadera batalla del estoico se libra en el interior, donde la perseverancia enfrenta a la duda, y cada día ganado es una victoria sobre sí mismo. Cada respiración en la lucha es un canto a la vida; perseverar es continuar ese canto, incluso cuando la melodía se torna difícil y dolorosa. En el arte de la perseverancia, cada paso hacia adelante es un acto de creación, un momento donde el espíritu se afirma contra las corrientes del desánimo. Como el fuego que se alimenta de su propio calor, así la perseverancia se nutre de cada logro pequeño, cada resistencia, cada amanecer enfrentado con valor.

La perseverancia es el arte de convertir el desafío en triunfo, la adversidad en oportunidad; es ver más allá de la tormenta, hacia la calma prometida. En la quietud de la contemplación, el estoico halla su fuerza; en la acción constante, su expresión. Perseverar es la fusión de ambas, pensamiento y acción en armonía. Cada desafío aceptado con gracia es una declaración de la fortaleza del alma; perseverar es, pues, declarar nuestra indomable presencia en el teatro del mundo. El estoico sabe que la esperanza es la compañera de la perseverancia; juntas, atraviesan el paisaje de la incertidumbre con la seguridad de quien camina a casa.

Perseverar es reconocer que cada momento de sufrimiento es temporal, pero la fortaleza ganada en su superación es permanente y valiosa. Como el alba que se repite sin fallo, nuestra perseverancia debe ser igual de fiable, un fenómeno natural en el cosmos de nuestro comportamiento. La perseverancia es la voz que dice "continúa" cuando todo lo demás clama "ríndete"; es la fuerza tranquila que nos empuja hacia adelante, siempre adelante. En la arena de la vida, el estoico persevera no por ver su nombre aclamado, sino por el puro acto de ser fiel a sí mismo, a su propósito más elevado. La persistencia es la firma del estoico en el contrato de la vida; con cada día firmado con esfuerzo, reafirma su compromiso con la excelencia de su ser. Perseverar es construir un puente sobre el río del desaliento, piedra a piedra, con la firmeza de quien conoce el valor del otro lado.

Como el árbol que se aferra al suelo a pesar de las tormentas, así debe ser nuestro compromiso con nuestros ideales, inamovible frente a las adversidades. La perseverancia es la quietud interna en medio de la tempestad externa, el centro tranquilo que no se deja perturbar por el caos de alrededor. En cada acto de perseverancia, el estoico se revela a sí mismo, descubre su verdadera fortaleza y redibuja los límites de su capacidad. Como la estrella que no deja de brillar, aunque esté nublado, nuestra determinación no debe flaquear ante las sombras pasajeras de la duda.

La perseverancia no es un grito de guerra, sino un susurro constante que nos recuerda: "Sigue adelante, sigue adelante". En la trama de la vida, cada hilo de perseverancia entrelaza fortaleza y propósito, creando un tejido resistente a las inclemencias del destino. El arte de perseverar es también el arte de renovarse; cada nuevo desafío es una invitación a reinventarse, a adaptarse y a superarse. Como el alpinista que se enfrenta a la montaña, el estoico enfrenta la vida: no conquistando, sino comprendiendo y respetando cada paso de su ascenso. Perseverar es la sabiduría de reconocer que cada día trae su propio peso y su propia recompensa; es aceptar ambos con igual honor. La perseverancia del estoico es una danza entre la paciencia y la urgencia, un balance donde cada movimiento es medido y cada descanso merecido. Como el pintor ante el lienzo, el estoico persevera: cada pincelada es un acto de fe en el cuadro final, aunque el resultado aún no sea visible. En el silencio de nuestras luchas internas, la perseverancia susurra historias de aquellos que no cedieron, inspirándonos a mantenernos firmes.

La perseverancia es el fuego interno que se enciende con cada prueba, iluminando nuestra fortaleza y quemando nuestras dudas. Cada día de perseverancia es una estrofa en la poesía de nuestra existencia, un verso que declama nuestra resiliencia y nuestra dedicación. La perseverancia es la comprensión de que cada pequeño esfuerzo suma, que cada grano de arena contribuye a la montaña de nuestros logros. Como el marinero que navega contra el viento, el estoico usa la resistencia de las dificultades para avanzar, encontrando en la adversidad el viento propicio.

En la forja de nuestro carácter, la perseverancia es el martillo y el yunque, el calor y el golpe que nos moldean en la forma de nuestra aspiración más alta. La perseverancia es el homenaje que rendimos a nuestros sueños, el trabajo diario que eleva nuestras visiones a realidades tangibles. Como el músico que ensaya una y otra vez, el estoico entiende que la maestría en cualquier cosa requiere repetición, paciencia y un corazón que no desiste. Perseverar es abrazar cada mañana como un nuevo capítulo en nuestra epopeya personal, un día más para escribir con acciones nuestro legado de tenacidad. La perseverancia no busca aplausos; se nutre del silencio de la satisfacción personal, del conocimiento íntimo de estar en el camino correcto. Como el oro que se refina en el fuego, así nuestras almas se purifican en el crisol de la constancia, emergiendo más brillantes y valiosas con cada prueba. En el lienzo del tiempo, la perseverancia es el pincel que pinta con trazos de coraje y dedicación, dejando un legado de colores vibrantes y formas audaces.

El estoico sabe que cada instante de resistencia fortalece el espíritu, que cada momento de persistencia es un paso hacia la maestría de sí mismo. La perseverancia es el eco de nuestro compromiso que resuena a través de los valles del desánimo, recordándonos que cada cumbre está al alcance. Como el jardinero que cuida sus plantas día tras día, el estoico cultiva su vida con la misma dedicación, sabiendo que la belleza y la fruta son recompensas del cuidado constante. Perseverar es el arte de convertir cada "no puedo" en un "aún no", transformando las limitaciones temporales en peldaños hacia el éxito. En la orquesta de la vida, la perseverancia es nuestra nota sostenida, aquella que se mantiene firme y clara a lo largo de toda la sinfonía.

El estoico ve en la perseverancia una forma de oración, una meditación activa donde cada acción reafirma la fe en sus valores y su visión. Cada reto que enfrentamos con perseverancia es un capítulo más en nuestra historia personal, un relato de superación que inspira y define. La perseverancia es la promesa que hacemos al futuro, un voto de seguir adelante sin importar las sombras que puedan caer en nuestro camino. Como el poeta que escribe versos a la luz de la luna, el estoico trabaja bajo el brillo de su visión interna, escribiendo su destino con tinta de inquebrantable voluntad. En cada suspiro de cansancio, en cada sonrisa de logro, la perseverancia se revela como la más fiel compañera del éxito. La perseverancia del estoico es una sinfonía compuesta en el silencio de su corazón, una melodía de resistencia, dignidad y profundo respeto por la vida. Cada paso dado en perseverancia es una declaración de independencia contra las fuerzas del abatimiento, un acto de rebeldía contra la desesperanza.

En el jardín de la existencia, la perseverancia es el sol que no se cansa de brillar, nutriendo nuestras más profundas raíces y nuestras más altas aspiraciones. Como el alquimista que transforma lo mundano en precioso, el estoico convierte cada momento de perseverancia en oro puro de experiencia y sabiduría. La perseverancia es nuestro escudo y nuestra espada en la batalla por nuestros sueños, defendiendo nuestra visión contra los asaltos del fracaso. En la quietud de la noche, cuando el mundo duerme y el alma reflexiona, la perseverancia susurra historias de aquellos que no dejaron de creer, enseñándonos que cada amanecer es una nueva victoria.

LIBERTAD PERSONAL Y AUTONOMÍA

En el vasto reino de la existencia, la libertad personal es nuestra tierra sagrada, el terreno donde cada uno debe gobernar con sabiduría y compasión. La autonomía es el arte de navegar el río de la vida, eligiendo conscientemente cada giro y cada remanso, sin dejarse arrastrar por las corrientes del destino ajeno. La verdadera libertad surge de la comprensión profunda de uno mismo, un conocimiento que libera más que cualquier ley externa.

Como el águila que planea alta y solitaria, la autonomía es el vuelo del espíritu sobre las vastas llanuras de la posibilidad y la elección. La libertad personal es el silencioso despertar al alba de nuestras decisiones, donde cada día ofrece la promesa de un nuevo comienzo, trazado por nuestra mano. En el ejercicio de nuestra libertad, encontramos la resonancia de nuestro verdadero yo, la voz interna que guía más seguramente que cualquier consejo externo.

La autonomía es el rechazo estoico a ser moldeado por las circunstancias; es la afirmación de que, aunque no podemos elegir nuestra situación, siempre podemos elegir nuestra respuesta. Libertad es la capacidad de decir "no" cuando el mundo empuja hacia un "sí" incongruente con nuestro ser; es la fortaleza de permanecer íntegro y auténtico. Cada acto de autodeterminación es una estrella en el cielo de nuestra identidad, un recordatorio luminoso de nuestra capacidad de dirección y propósito. La autonomía no es la ausencia de influencias, sino el arte de seleccionar aquellas que nos enriquecen y desestimar las que nos limitan. En la quietud de la reflexión, el estoico encuentra su libertad más grande; no la libertad de hacer cualquier cosa, sino la de hacer lo correcto.

Libertad es el conocimiento de que cada paso, aunque prescrito por el destino, puede ser bailado con una melodía propia, con una gracia personal e intransferible. La autonomía verdadera es un jardín cultivado con las semillas de nuestras elecciones conscientes, donde cada flor es un testimonio de nuestra individualidad. En el vasto teatro del mundo, ser libre es actuar según el guion de nuestra propia moral, no según los aplausos o abucheos de la audiencia. La libertad personal es la resistencia estoica ante la tiranía de los deseos incontrolados; es la elección deliberada de un camino más elevado y sereno. Como el marinero que ajusta las velas al viento, el hombre libre ajusta su vida a los valores que ha elegido, navegando con firmeza hacia su destino elegido.

La autonomía se revela no en grandes actos de rebelión, sino en pequeñas elecciones diarias que, acumuladas, forman el tejido de nuestra vida auténtica. Libertad es el eco de nuestra autenticidad resonando a través de las decisiones que tomamos, una música que bailamos solo cuando estamos verdaderamente solos. El estoico sabe que la libertad más grande es la liberación del miedo, el paso audaz fuera de las sombras de la preocupación hacia la luz del autocontrol. La autonomía es el arte de ser el único espectador de nuestra vida, el único crítico que realmente importa, en un teatro lleno de voces efímeras. La libertad personal es como el agua pura de un manantial, nace desde el interior y se extiende hacia afuera, inmaculada y refrescante en su verdad. Autonomía es el sol que nunca se pone en el imperio de nuestro espíritu, iluminando cada decisión con la luz clara de nuestro juicio propio.

En el silencio de nuestra voluntad reside el eco de la libertad, un sonido que sólo podemos escuchar cuando nos despojamos de las cadenas del conformismo. La verdadera autonomía es un acto de equilibrio entre aceptar lo que no podemos cambiar y cambiar con valor lo que no podemos aceptar. Libertad es el arte de construir puentes donde otros ven abismos, de ver oportunidades donde otros ven obstáculos, moviéndose siempre hacia la autenticidad. Como el escultor que libera la forma del mármol, el individuo libre talla su destino, liberando su forma más verdadera a través de la elección consciente.

Autonomía es reconocer que, aunque somos parte del cosmos, tenemos el poder de influir en nuestra propia órbita, de dirigir nuestra trayectoria con mano firme. La libertad personal no se mide por la cantidad de opciones disponibles, sino por la calidad de las que elegimos, por la alineación con nuestro ser más profundo. En la paleta del artista que es nuestra vida, la autonomía es la libertad de elegir nuestros colores, de pintar nuestro paisaje con los tonos de nuestra alma. El hombre libre no es aquel que niega la influencia del mundo, sino el que la filtra a través de la tela de su propia verdad, reteniendo sólo lo que le enriquece. Libertad es la flor más rara y preciosa en el jardín del espíritu; requiere cuidado, atención y el coraje de cortar las malas hierbas del miedo y la duda. Autonomía es el viento que sopla a través de las hojas de nuestra vida, susurrando que tenemos el poder de susurrar de vuelta, de cambiar la dirección de nuestra historia. La libertad personal es la danza entre ser uno mismo plenamente y permitir que otros sean ellos mismos, un baile de respeto mutuo y autoexpresión.

Como el navegante que estrella su barco contra la roca de la realidad, el estoico sabe que la verdadera autonomía surge de reconocer y navegar dentro de los límites de la naturaleza. Libertad es el despertar cada mañana con el corazón decidido a seguir su propio camino, a pesar de las tormentas que puedan venir. Autonomía es la firma que estampamos en el contrato de nuestra existencia; cada acción un sello de nuestra voluntad, cada decisión una declaración de independencia. La verdadera libertad se encuentra en la aceptación de nosotros mismos, en la autonomía de amar nuestras imperfecciones tanto como nuestras virtudes.

Como el maestro que guía, pero no impone, la libertad personal es el maestro interno que sugiere, que inspira, pero nunca coacciona. En cada elección hecha desde la profundidad de nuestro ser, resonamos con la libertad del universo, una armonía que canta de autonomía y propósito. La autonomía no es un regalo, es una conquista; se gana en la batalla contra nuestras propias limitaciones y en la lucha por mantener nuestra dirección verdadera. La libertad personal es como el horizonte, siempre en expansión a medida que avanzamos; cada paso que damos expande el panorama de nuestras posibilidades. Autonomía es la serenidad de saber que nuestras decisiones son nuestras propias creaciones, moldeadas por la sabiduría y no por la coacción. En el jardín del espíritu, cada acto de libre elección es una semilla plantada en tierra fértil, creciendo hacia la auténtica expresión del yo.

La verdadera libertad se halla en el reconocimiento de nuestras responsabilidades tanto como en nuestros derechos, cada uno sosteniendo al otro en equilibrio perfecto. Como el poeta que encuentra las palabras justas, el hombre libre encuentra las acciones correctas, aquellas que resuenan con la verdad de su alma. Autonomía es el arte de ser el arquitecto de nuestra vida, de elegir los cimientos sobre los cuales construiremos cada día con integridad y propósito. La libertad personal es el canto del alma que busca su melodía única, un canto que solo puede ser afinado por la mano del propio individuo.

Cada decisión tomada en libertad es un acorde en la sinfonía de nuestra vida, resonando con las notas de nuestra más profunda verdad. El hombre libre camina por la vida con la cabeza erguida, no por orgullo, sino por la dignidad de saber que cada paso es un reflejo de su esencia. Autonomía es la valentía de enfrentar nuestros propios errores, de poseer cada fallo tanto como cada triunfo, sabiendo que ambos son maestros preciosos. La libertad personal no es un lago tranquilo, sino un océano en constante cambio, desafiante y vasto, invitándonos a navegar sus profundidades. Como el árbol que crece hacia el sol, nuestra autonomía es el crecimiento hacia nuestra luz interior, un despliegue constante de nuestras capacidades. En el acto de elegir con libertad, nos encontramos verdaderamente a nosotros mismos, y en ese encuentro, reside la esencia de nuestra autonomía. Libertad es la elección consciente de nuestro camino, incluso cuando está rodeado de espinas; es el acto de caminarlo con los pies descalzos y el corazón dispuesto.

Autonomía es reconocer que, aunque el mundo tenga sus demandas, nuestro espíritu tiene sus necesidades, y atenderlas es nuestro derecho y nuestra responsabilidad. La libertad personal es un puente construido entre el ser que somos y el ser que aspiramos a ser, un puente que solo nosotros podemos cruzar. Como el pintor ante su lienzo, el individuo libre elige cada pincelada, consciente de que cada color y cada línea contribuyen a la obra maestra de su vida. En cada acto de autonomía, declaramos nuestra independencia del juicio ajeno, eligiendo vivir según los dictados de nuestro propio corazón. La libertad es la poesía de vivir sin miedos, el arte de ser genuinamente nosotros mismos en un mundo que constantemente intenta moldearnos.

Autonomía es la decisión de ser el único autor de nuestra historia, el único que sostiene la pluma que escribe el relato de nuestra vida. La libertad personal es la estrella bajo la cual navegamos, el faro que nos guía a través de las tormentas de influencias externas hacia puertos de autenticidad. Autonomía es el reconocimiento de que somos los únicos custodios de nuestra voluntad, guardianes de nuestra capacidad de elegir y actuar según nuestra visión.

Como el escultor que selecciona su piedra, el hombre libre selecciona sus batallas, consciente de que la verdadera victoria yace en la elección consciente. La libertad es el acto de resistencia más sublime contra las cadenas invisibles del conformismo, un acto de rebeldía pacífica pero poderosa. En la autonomía encontramos la esencia de ser verdaderamente humanos, no simplemente llevados por la vida, sino activamente dando forma a su curso.

Cada elección libre es una afirmación de nuestra individualidad, una celebración del yo en un mundo que a menudo busca la uniformidad. La libertad personal es nuestra declaración de independencia cotidiana; en cada decisión, proclamamos nuestra soberanía sobre nosotros mismos. Autonomía es la habilidad de escuchar todas las voces, pero finalmente seguir la que resuena con la claridad de nuestra propia verdad interior. Como el marinero usa las estrellas para navegar, el estoico usa sus valores para dirigir su vida, un mapa estelar de principios que guían su libre albedrío. La libertad es el regalo que nos damos a nosotros mismos, un espacio sagrado donde nuestras almas pueden respirar libremente, sin restricciones.

En cada acto de autogobierno, reafirmamos nuestro derecho a ser los arquitectos de nuestra existencia, los maestros de nuestro destino. Autonomía es la convicción de que podemos construir una vida que refleje nuestras más profundas convicciones, sin ceder al dictado de las circunstancias. La libertad personal brilla más brillante en momentos de prueba, cuando elegimos el camino más difícil pero más verdadero, iluminando nuestra fortaleza interior. Como el ave que elige cuándo y dónde batir sus alas, nosotros elegimos cuándo y cómo vivir nuestras vidas, soberanos de nuestro cielo personal. La autonomía es la quietud en medio del caos, la capacidad de permanecer centrados en nuestros principios a pesar de las tormentas externas. Libertad es la habilidad de decir verdades cuando sería más fácil mentir, de permanecer fieles a nosotros mismos cuando el mundo nos invita a disfrazarnos. Cada momento de libre elección es un acto de coraje, una rebelión sutil contra las fuerzas que intentan moldear nuestra voluntad.

Autonomía es la danza entre nuestras necesidades y deseos, un equilibrio entre lo que el mundo exige y lo que nuestro corazón anhela. La libertad personal es un camino iluminado por la luna de nuestra conciencia, donde cada paso refleja nuestra luz interior en el mundo oscuro de la conformidad. Como el poeta que escribe en la tranquilidad de la noche, el estoico escribe su vida en los silencios de su autonomía, cada palabra un sello de su espíritu libre. La libertad es el arte de ser el único juez en el tribunal de nuestra conciencia, dictando sentencias que resuenan con la verdad de nuestro ser.

Autonomía es la fortaleza de mantenerse fiel a uno mismo en un mar de opiniones, la habilidad de nadar contra la corriente cuando nos lleva lejos de nuestra verdad. En cada decisión autónoma, dejamos una huella en el sendero de nuestra vida, marcas que narran la historia de un espíritu que no se doblegó. La libertad personal es nuestra respuesta al llamado del destino, no una sumisión, sino un diálogo en el que nuestra voz sostiene un peso decisivo. Como el pintor ante un lienzo en blanco, el estoico se enfrenta a la vida: cada elección es un trazo de pincel que contribuye al retrato de su alma. Autonomía es el eco de nuestra integridad, resonando a través de las decisiones que tomamos, un sonido que afirma nuestra independencia con cada acto. Libertad es el derecho de equivocarnos en nuestros propios términos, de aprender nuestras propias lecciones y de crecer en nuestra propia luz y sombra.

En la autonomía, encontramos la libertad de desplegar nuestras alas, de explorar alturas que solo son posibles cuando nos liberamos de las expectativas ajenas. Cada acto de libertad personal es una declaración de independencia, un grito silencioso que proclama nuestra separación de la masa indiferenciada. La autonomía nos enseña que ser libres no significa estar solos, sino estar acompañados por una convicción interna más fuerte que cualquier compañía externa. Como el río que se abre camino a través del paisaje, nuestra libertad personal nos permite crear nuestro propio curso, único y siempre en movimiento. La verdadera libertad surge de un profundo sentido de autoconocimiento, de entender quiénes somos y qué queremos ser en el teatro de la vida.

Autonomía es la fuerza que nos permite decir 'no' cuando cada fibra de nuestro entorno grita 'sí', es la resistencia estoica en su expresión más pura. En la libertad personal encontramos la paz de ser auténticos, la tranquilidad de vivir sin máscaras, abiertos y verdaderos en cada palabra y acción. Cada elección autónoma es un acto de creación personal, un momento donde modelamos el barro de la existencia con las manos de nuestra voluntad. Libertad es el espacio entre los deseos impuestos y los deseos verdaderos, un lugar donde podemos escuchar y atender a la voz suave de nuestra esencia. Autonomía es el privilegio y la responsabilidad de formar nuestra vida como un escultor forma una estatua, con atención en cada golpe, en cada detalle. La libertad personal es el sol bajo el cual maduran nuestros más verdaderos frutos, el calor que permite que nuestras capacidades florezcan en plenitud.

En cada decisión libre, no solo elegimos un camino, sino que definimos quiénes somos, forjando nuestro carácter en el fuego de nuestras elecciones. Autonomía es la celebración de nuestra singularidad, la fiesta del espíritu donde cada invitado es un pensamiento, una elección, una acción genuinamente nuestra. La libertad es la música del alma, cada nota tocada con la decisión propia, creando una sinfonía que solo el corazón puede comprender en su totalidad. Autonomía es el horizonte siempre en expansión, un campo de infinitas posibilidades donde cada paso adelante dibuja nuevos contornos de libertad.

En la autonomía, cada día es una página en blanco, esperando ser escrita con la tinta de nuestras elecciones, narrando el cuento de nuestra única vida. La libertad personal es el acto de rebelión más hermoso, una resistencia pacífica contra la homogeneización, un canto a la diversidad del espíritu humano. Como el maestro que guía sin imponer, la autonomía ofrece las herramientas, pero nunca dicta el uso; nos enseña a construir, no qué construir. Autonomía es el arte de vivir en armonía con uno mismo, un equilibrio delicado que florece en el jardín de nuestras decisiones conscientes. La verdadera libertad no es la ausencia de barreras, sino la habilidad de encontrar un camino a través de ellas, o de transformarlas en puentes. Cada acto de libertad personal es una victoria sobre el conformismo, un pequeño triunfo en la batalla continua por mantener nuestra identidad intacta. Autonomía es la promesa de que podemos ser los héroes de nuestra propia historia, no meros espectadores de un guion escrito por otros. En el ejercicio de nuestra libertad, encontramos el pulso de la vida, un ritmo que palpita con la urgencia de ser vivido plenamente y sin restricciones. Libertad es la capacidad de amar nuestras elecciones y aceptar sus consecuencias con igual aplomo, sabiendo que en ambas reside nuestra autenticidad.

Como el río que esculpe su lecho, la autonomía esculpe nuestra vida, modelando nuestro ser con cada decisión que fluye desde el corazón de nuestra voluntad. La libertad personal es el coraje de estar solo cuando es necesario, de sostener nuestras convicciones incluso cuando el mundo se aleja. Autonomía es el refugio seguro donde podemos ser verdaderamente nosotros mismos, sin máscaras ni pretensiones, en una honestidad completa con nuestro ser. La verdadera libertad se manifiesta en la paz que acompaña a las decisiones tomadas en plena concordancia con nuestro ser más profundo.

En cada elección libre, nos alzamos como arquitectos de nuestro destino, diseñando el edificio de nuestra existencia con cada pensamiento y acción. Autonomía es la luz que brilla más fuerte en la oscuridad de la incertidumbre, guiándonos con su resplandor hacia caminos que nosotros mismos elegimos recorrer. Libertad es el eco de nuestra voz interior, resonando a través de las decisiones que tomamos, un sonido que declara nuestra independencia de espíritu. Como el explorador que descubre nuevos territorios, el individuo autónomo descubre nuevas facetas de su ser, territorios internos ricos en potencial y belleza. La autonomía nos invita a ser fieles a nosotros mismos en un mundo que a menudo premia la imitación; es el desafío de ser original en un escenario de copias.

Libertad es el poder de escoger nuestra propia ruta en un bosque de caminos predeterminados, guiados solo por la brújula de nuestros valores. Autonomía es el arte de ser el maestro de nuestra mente y el capitán de nuestra alma, navegando las aguas turbulentas de la vida con determinación propia. En cada acto de libertad personal, trazamos las líneas de nuestro retrato más fiel, un autorretrato pintado con los colores de nuestra esencia más pura. La verdadera autonomía florece en el reconocimiento de nuestras limitaciones, transformándolas en peldaños hacia nuestra elevación y expansión.

Libertad es la rebelión pacífica contra las cadenas del deber ser, es la aceptación gozosa del deber querer, siguiendo el dictado del deseo auténtico. Como el poeta que encuentra libertad en la estructura del verso, encontramos autonomía dentro de las estructuras de nuestra vida, no a pesar de ellas. Autonomía es la promesa de un amanecer propio, una luz que rompe las sombras de la dependencia y brilla con la claridad del autoconocimiento. Cada decisión libre es un paso en el baile de nuestra vida, un movimiento coreografiado por la música de nuestra voluntad y pasión. La libertad personal es el himno que cantamos en el silencio de nuestras almas, una melodía que resuena con las notas de independencia y autoafirmación. Autonomía es el jardín donde florecen nuestras decisiones, cada brote un testimonio de nuestro crecimiento y cada flor un símbolo de nuestra singularidad. En la elección consciente y libre, encontramos la esencia del ser, el núcleo de nuestra fuerza vital que se expresa sin restricciones ni remordimientos. Libertad es la valentía de enfrentar el mundo con nuestras verdades, de defender nuestro espacio personal contra las invasiones de la conformidad.

Como el alquimista que transforma lo ordinario en oro, el estoico transforma cada momento de decisión en una oportunidad para afirmar su libertad. Autonomía es el fuego que arde en el centro de nuestro ser, un fuego que alimentamos con nuestras elecciones y que define el calor de nuestra vida. La libertad personal no es un estado a alcanzar, sino una práctica diaria, un ejercicio constante de reflexión, elección y acción. En cada acto de autonomía, nos declaramos existentes, relevantes en el universo, no como objetos arrastrados por la corriente, sino como creadores de ríos.

Libertad es la capacidad de decir "yo soy yo" en un coro de voces que claman "sé cómo nosotros", es el acto de firmar nuestro nombre en el mundo. Autonomía es la sutileza de escuchar entre líneas, de entender las influencias, pero eligiendo lo que resuena auténticamente con nuestro interior. La verdadera libertad surge cuando las barreras se convierten en balcones desde donde contemplamos el amplio panorama de nuestra vida. Como el navegante solitario en el mar abierto, el individuo autónomo se deleita en la vastedad de su libertad, en la belleza de dirigir su propia travesía. La autonomía es la habilidad de discernir, en el bullicio de la sociedad, nuestras propias voces, eligiendo seguir el eco de nuestra verdad. Libertad personal es el arte de tejer nuestra propia historia, con hilos de decisión y acción, cada tejido una declaración de independencia.

Como el pintor ante su lienzo, el estoico dibuja en la vasta tela de su vida, con pinceladas de libre elección, cada trazo un testimonio de autonomía. La verdadera libertad no se encuentra en la ausencia de restricciones, sino en la capacidad de actuar a pesar de ellas, de moldear nuestra vida con las manos de nuestra voluntad. Autonomía es el resplandor en el crepúsculo de la duda, la luz que persiste cuando las sombras del temor y la incertidumbre amenazan con oscurecer nuestro camino. Cada acto de libertad es una estrella en el firmamento de nuestra existencia, una luz que guía, que inspira, que sostiene nuestro universo personal.

En la elección libre y consciente, el estoico encuentra la esencia del poder personal, la fuerza motriz que impulsa cada momento de su vida. Libertad es el coraje de desafiar lo esperado, de caminar un sendero menos transitado, pero que ha sido trazado por la brújula de nuestro propio sentido. Autonomía es la paz que encontramos al final del día, cuando podemos decir con certeza que nuestras acciones han sido fielmente nuestras. Como el árbol que se inclina, pero no se quiebra bajo el peso del viento, nuestra libertad personal nos permite flexionarnos sin romper nuestra esencia. La verdadera autonomía surge de un profundo conocimiento de sí mismo, de entender nuestras pasiones y miedos, y de actuar en armonía con ese conocimiento. Libertad es el espacio vital entre la influencia y la elección, donde nuestra alma respira libremente, sin el yugo de las expectativas ajenas. Cada decisión autónoma es un verso en la poesía de nuestra vida, una línea que declama con orgullo nuestra singularidad y nuestro derecho a la autodeterminación. Autonomía es el derecho inalienable de ser el protagonista de nuestra propia novela, no un personaje secundario en la historia de otro.

Libertad personal es el eco de nuestras elecciones resonando a través del tiempo, cada eco una afirmación de nuestra presencia y nuestro impacto en el mundo. Como el maestro que deja a sus estudiantes descubrir sus propias respuestas, la vida nos invita a explorar nuestra autonomía, a encontrar nuestra verdad. En la autonomía, cada elección es una nota tocada en el instrumento de nuestra voluntad, una música que solo nosotros podemos componer. Libertad es la dignidad de vivir sin pedir permiso para ser nosotros mismos, de afirmar nuestra existencia como un acto de creación personal continua.

Autonomía es la brújula que nos guía a través de la neblina de la conformidad, manteniendo nuestro curso verdadero hacia un horizonte de autenticidad. Cada acto de libertad personal es un reflejo de nuestra integridad, un espejo en el que podemos mirarnos y reconocer nuestra verdadera forma. La libertad es la capacidad de elegir nuestra propia aventura, de escribir cada capítulo de nuestra vida con una pluma impregnada de autenticidad. Autonomía es navegar las aguas de la existencia con nuestro propio timón, determinando la dirección incluso cuando las corrientes intentan desviarnos. Cada decisión tomada desde la libertad personal es una afirmación de independencia, un acto de autoafirmación en un mundo que a menudo prefiere la uniformidad. Libertad es el derecho a construir nuestro propio altar, a adorar en el templo de nuestras convicciones personales, sin coacciones externas.

Como el escultor que ve la figura dentro del bloque de mármol, el individuo autónomo percibe su verdadero yo dentro de las convenciones de la sociedad y trabaja para liberarlo. Autonomía es el arte de mantener el equilibrio entre la influencia externa y la voz interna, dando prioridad a esta última como guía de nuestra conducta. La verdadera libertad surge cuando nos atrevemos a cuestionar, a desafiar los límites impuestos no solo por otros, sino también por nosotros mismos. Cada acto de libertad personal no solo nos define, sino que redefine el entorno que nos rodea, invitando a otros a cuestionar, a elegir, a ser libres. Autonomía es la capacidad de decir "este soy yo" con cada acción y decisión, un testimonio vivo de nuestra esencia y nuestra determinación.

Libertad es la fuerza que emerge cuando nos liberamos de las cadenas del miedo y la duda, permitiéndonos actuar con confianza y claridad. Como el pintor que elige su paleta, el individuo autónomo selecciona las influencias que moldearán su carácter, descartando las que oscurecen su verdadero color. En la autonomía encontramos la libertad de ser imperfectos, de cometer errores y aprender de ellos, sin el juicio severo de las expectativas ajenas. Libertad personal es la celebración de nuestra singularidad, el júbilo de descubrir y expresar lo que realmente somos, más allá de las máscaras sociales. Cada decisión tomada en libertad es un ladrillo en la construcción de nuestra fortaleza personal, un refugio seguro contra la opresión de la conformidad. Autonomía es el privilegio de explorar los confines de nuestra personalidad, de viajar a los rincones más remotos de nuestro ser sin pedir permiso.

Libertad es el oasis en el desierto de la imposición, un lugar donde podemos saciar nuestra sed de autenticidad sin temor a ser censurados. Como el águila que vuela alto y sola, la autonomía nos permite elevarnos sobre las trivialidades del mundo, ofreciéndonos una perspectiva clara y propia. En cada acto de libre albedrío, nos afirmamos como seres pensantes y sintientes, capaces de dirigir nuestro destino con intención y propósito. Autonomía es la poesía del espíritu, cada elección una estrofa que declama nuestra libertad, cada decisión un verso que canta nuestra independencia.

Libertad personal es el fuego que arde en el corazón del estoico, una llama perpetua que ilumina su camino y calienta su alma en los días más fríos. La autonomía es la elección de cultivar nuestro jardín interno, donde cada pensamiento y cada acción son flores que brotan de la tierra de nuestra propia voluntad. Libertad personal es el coraje de abrir nuevas puertas y cerrar aquellas que ya no conducen a ninguna parte, gestionando el espacio de nuestra vida con maestría. Como el músico que toca su melodía en un concierto solista, el individuo autónomo expresa su identidad en un performance único, sin necesidad de acompañamiento. Autonomía es la sabiduría de conocer nuestras limitaciones y la valentía de desafiarlas, extendiendo los horizontes de nuestro ser y nuestra capacidad. En cada decisión que tomamos libremente, no solo cambiamos el curso de nuestra vida, sino también el tejido mismo de nuestra realidad.

Libertad es la práctica diaria de escoger conscientemente, un ejercicio de atención y de acción que define el contorno de nuestra existencia. Como el navegante que ajusta sus velas al viento, el estoico ajusta su conducta a sus principios, manteniendo el curso de su integridad sin importar las tormentas. Autonomía es el acto de tomar las riendas de nuestra vida, de dirigir el carruaje de nuestro destino con una mano firme y un ojo seguro. La verdadera libertad surge de la armonía entre el deseo y el deber, un equilibrio delicado que solo puede ser orquestado por la mano de nuestra propia reflexión. Cada elección autónoma nos libera un poco más, deshaciéndose de las cadenas invisibles que nos atan a patrones obsoletos y expectativas ajenas.

Libertad personal es la diferencia entre ser un pasajero en la vida y ser el piloto; es la elección de controlar el timón en lugar de mirar por la ventana. Como el artista que se niega a seguir la corriente, el individuo autónomo crea su obra maestra personal, sin adherirse a las modas pasajeras de la sociedad. Autonomía es la profundidad de la noche donde las estrellas de nuestras decisiones brillan con más fuerza, guiándonos a través de la oscuridad de la incertidumbre. En la libertad personal, cada día es una oportunidad para afirmar nuestra independencia, para proclamar que somos autores de nuestra propia historia. La autonomía nos permite enfrentar los desafíos no como obstáculos impuestos, sino como oportunidades elegidas para crecer y evolucionar. Libertad es el suelo fértil en el que crecen nuestras aspiraciones más verdaderas, un terreno preparado por nuestras propias manos y regado con el sudor de nuestra frente.

Como el maestro que elige su propio currículo, el estoico selecciona las lecciones de su vida, aprendiendo no lo que el mundo quiere enseñarle, sino lo que necesita saber. Autonomía es el acto sublime de tomar decisiones que resuenan con el eco de nuestra verdad más profunda, incluso cuando el mundo entero parece discordante. En cada acto de libertad personal, nos redescubrimos, encontramos nuevas capas de nuestra identidad y nuevos caminos para nuestra jornada. Libertad personal es el regalo que nos damos cada vez que elegimos con el corazón y la mente alineados, cada decisión un paso hacia la plena realización de nuestro ser.

CÓMO ENFRENTAR EL FRACASO

En el valle del fracaso, donde las sombras parecen eternas, el estoico ve la oportunidad de plantar las semillas de la próxima victoria. El fracaso es el fuego que prueba el oro de nuestro carácter, revelando su pureza y fortaleciendo su brillo ante los desafíos futuros. Como el árbol que cae y se descompone para nutrir la tierra, nuestros fracasos son el compost que enriquece el suelo de nuestra sabiduría. Enfrentar el fracaso es aceptar que cada paso en falso es parte de la danza de la vida, una coreografía que nos enseña la gracia de la resiliencia. El estoico sabe que el fracaso no es el final del camino, sino un desvío inesperado que lo invita a explorar nuevas rutas hacia su destino.

Cada fracaso es un maestro silencioso que nos susurra los secretos de nuestra fortaleza y nuestra capacidad para superar y adaptarnos. En el arte de enfrentar el fracaso, la serenidad estoica es nuestro lienzo; en él pintamos la aceptación y la perseverancia como colores de nuestra victoria futura. El fracaso es el crisol en el que se forja la verdadera grandeza; sin él, el metal de nuestro espíritu permanecería sin formar y sin función. Como el navegante usa las estrellas para hallar su camino, nosotros podemos usar nuestros fracasos para navegar hacia un entendimiento más profundo de nosotros mismos. Aceptar el fracaso es liberarse de la carga del perfeccionismo, es permitirse ser humano, completo con errores y lecciones por aprender. El estoico enfrenta el fracaso no con desesperación, sino con el ojo clínico de un científico, analizando los datos para mejorar la próxima experimentación. En cada fracaso, hay una promesa oculta; es el preludio de una revelación, una invitación a descubrir una nueva fuerza o pasión. El fracaso nos enseña la humildad, nos recuerda que somos estudiantes perpetuos en la escuela de la vida, siempre con más que aprender. Como el alquimista transforma el plomo en oro, el estoico transforma el fracaso en sabiduría, cada error una lección, cada tropiezo un paso hacia la iluminación.

El fracaso es solo el eco de nuestro esfuerzo; lo que realmente resuena es cómo elegimos responder, cómo nos levantamos, no cómo caímos. Enfrentar el fracaso es reconocer que cada derrota es temporal, un estado pasajero en el camino eterno hacia el crecimiento y la mejora. El fracaso es la piedra angular en el edificio de nuestra experiencia; sin ella, las paredes de nuestros logros no tendrían fundamento. Como el pintor que borra un trazo erróneo, nosotros podemos ver cada fracaso como una oportunidad para corregir, mejorar y avanzar con un diseño más fuerte.

La sabiduría estoica nos enseña que el fracaso no es un monstruo a temer, sino un consejero a escuchar, cuya voz dura lleva consigo el regalo del entendimiento. Cada fracaso es un mapa del territorio que aún no dominamos, un guía que nos muestra dónde necesitamos concentrar nuestros esfuerzos y nuestra atención. El estoico abraza el fracaso como el jardinero acoge las lluvias; aunque pueden ser tormentosas, son esenciales para el crecimiento y la floración de su jardín. Enfrentar el fracaso es ejercer la valentía de mirar dentro de nuestras derrotas para encontrar las semillas de la superación que yacen ocultas. El fracaso es la sombra que da forma a la luz de nuestro éxito; sin su oscuridad, el contorno de nuestras victorias sería menos definido. Como el escultor que encuentra la forma perfecta a través de la eliminación del mármol sobrante, encontramos nuestra mejor versión eliminando el exceso de nuestras fallas.

El fracaso no es un muro, sino una puerta; una entrada desafiante hacia el autoconocimiento y la autoafirmación que solo los valientes se atreven a abrir. En cada fracaso, hay una invitación a la introspección y la renovación, un llamado a revisar nuestros métodos y motivaciones. La respuesta estoica al fracaso no es el lamento, sino la contemplación activa, la búsqueda de una comprensión que convierta el dolor en progreso. El fracaso nos enseña la impermanencia de todas las cosas; nos recuerda que, así como la marea se retira, también lo hará el momento de derrota. Aceptar nuestros fracasos con gracia es admitir que somos obras en progreso, siempre en camino hacia formas más completas y refinadas de nosotros mismos.

Como el oro que se prueba en el fuego, nuestra resiliencia se prueba en el fracaso; es allí donde nuestro brillo puede comenzar a emerger con claridad. El fracaso es un maestro riguroso, pero justo; su lección es dura pero clara, enseñándonos que el verdadero fracaso solo ocurre cuando dejamos de intentarlo. En el jardín del espíritu, el fracaso corta las ramas muertas de nuestras ilusiones, permitiendo que nuevas verdades florezcan. El estoico ve en el fracaso la pureza de la oportunidad; cada error es un espacio limpio, una pizarra en blanco lista para ser reescrita con sabiduría. Enfrentar el fracaso es practicar la alquimia del alma, transformando el plomo de nuestro desaliento en el oro de nuestra perseverancia. Cada fracaso, cuando se enfrenta con valor, se convierte en el escalón de la escalera que nos lleva a la cima de nuestras aspiraciones más elevadas.

El fracaso nos desafía a ser mejores, a pulir nuestras habilidades y fortalecer nuestro carácter hasta que brillemos con la luz de la competencia y la confianza. Como el tejedor corrige un hilo fuera de lugar, nosotros podemos corregir el curso de nuestras vidas con cada error, ajustando el patrón hasta que la imagen deseada emerge. El fracaso es el eco de nuestros intentos, un sonido que nos retorna con la fuerza de lo que podemos aprender y lo lejos que aún podemos llegar. Aceptar el fracaso con serenidad es entender que cada momento de caída es también un momento de potencial elevación, una dualidad que define la experiencia humana.

La sabiduría estoica nos invita a responder al fracaso no con miedo o frustración, sino con la curiosidad de un filósofo y la determinación de un guerrero. En el corazón del fracaso, el estoico encuentra la semilla de una resistencia inquebrantable, cultivándola con la compostura de quien conoce el valor de las adversidades. El fracaso es una invitación a reevaluar nuestras estrategias y fortalecer nuestra determinación, un desafío que nos empuja hacia la excelencia y la auto superación. Como el marinero aprende de la tormenta cómo navegar en calma, nosotros podemos aprender del fracaso cómo triunfar con gracia y sabiduría. El fracaso no es un oponente, sino un compañero de viaje en el camino del crecimiento personal, ofreciéndonos lecciones cruciales a cada paso. En cada fracaso hay un momento de claridad, una revelación súbita de lo que es verdaderamente importante y de lo que necesita ser mejorado o cambiado. El estoico enfrenta el fracaso con la calma de un maestro que ve en cada error una oportunidad para enseñar, para guiar y para moldear.

El fracaso nos obliga a mirar dentro de nosotros mismos, a confrontar nuestras debilidades y a transformarlas en fortalezas a través de la reflexión y la acción. Como el fuego que limpia el bosque permitiendo nuevos crecimientos, nuestros fracasos pueden despejar el terreno para nuevas realizaciones y descubrimientos. Enfrentar el fracaso es un acto de coraje, una prueba de nuestra capacidad para perseverar y continuar nuestro camino con renovado vigor y visión. El fracaso es un maestro que no acepta complacencia; nos desafía a superar nuestras limitaciones y a buscar constantemente formas de superarnos. Como el agricultor que valora tanto la lluvia como el sol, el estoico valora tanto el éxito como el fracaso, sabiendo que ambos son necesarios para el crecimiento.

El fracaso es el molde en el que se forja nuestra autenticidad; es en nuestros momentos más bajos que descubrimos lo que realmente somos y de qué estamos hechos. En cada fracaso, hay una historia de no rendirse, una narrativa que continúa con cada intento de superar y aprender de nuestros errores. La verdadera derrota no viene del fracaso en sí, sino de la negativa a aceptar sus lecciones y la oportunidad de comenzar de nuevo con más inteligencia. El estoico ve el fracaso como el papel de lija que suaviza las asperezas de su carácter, preparándolo para un acabado más fino y una resiliencia más duradera. Enfrentar el fracaso con dignidad es reconocer que incluso en la derrota, hay una dignidad intrínseca en el esfuerzo y en la lucha por algo que vale la pena. El fracaso es un punto de inflexión, un momento crítico que nos pregunta si volveremos a intentarlo o si permitiremos que defina el resto de nuestro viaje.

Como el alquimista transforma lo ordinario en extraordinario, el estoico transforma el fracaso en una fuente de inspiración y un catalizador para el cambio. Cada fracaso es un capítulo en el libro de nuestra vida que, aunque doloroso, es esencial para la narrativa completa de nuestra existencia. El estoico aborda el fracaso no como un final, sino como el inicio de una nueva aventura en la comprensión, un nuevo capítulo en la saga de su desarrollo personal. La resiliencia ante el fracaso es como el acero templado en el fuego; cada contratiempo nos endurece y nos prepara para sostener mayores pesos y resistir futuras tormentas.

El fracaso nos desafía a mantener nuestro enfoque y a redefinir nuestras metas, asegurándonos de que cada paso futuro esté alineado con nuestra verdadera intención. Como el pintor que corrige su obra, el estoico utiliza el fracaso para ajustar el lienzo de su vida, mejorando los colores y profundizando las perspectivas. Enfrentar el fracaso es un acto de valentía estoica; es mantener la cabeza alta mientras se reconoce la caída, y prepararse para el esfuerzo siguiente con el corazón abierto. El fracaso es el suelo sobre el que se construyen los cimientos más firmes; es desde la profundidad de nuestras caídas que podemos erigir las estructuras más altas. La aceptación del fracaso es la aceptación de nuestra humanidad completa; es reconocer que, en nuestra imperfección, yace nuestra capacidad para el crecimiento infinito. Cada fracaso es una piedra en el mosaico de nuestra vida; aunque pueda parecer fuera de lugar, es esencial para el patrón completo y la belleza final.

El estoico sabe que el fracaso es temporal, que la persistencia y la paciencia son las llaves que abrirán las puertas del éxito eventual. Como el escultor que no desiste hasta que la estatua emerge del bloque, el estoico trabaja con el fracaso hasta que la lección y la belleza interna se revelan. Enfrentar el fracaso es practicar la templanza y el coraje, enfrentándose a cada nuevo desafío con un espíritu inquebrantable y un corazón dispuesto. El fracaso nos invita a un diálogo más profundo con nosotros mismos, una conversación interna sobre nuestros valores, nuestros miedos y nuestras esperanzas.

Cada fracaso trae consigo el regalo de la introspección, la oportunidad de mirar hacia adentro y descubrir lo que realmente nos motiva y nos mueve. El fracaso es una prueba de nuestra flexibilidad y adaptabilidad, desafiándonos a ser fluidos en nuestros enfoques y creativos en nuestras soluciones. Como el jardinero poda las plantas para promover un crecimiento más saludable, el estoico usa el fracaso para podar las ramas superfluas de su vida. Enfrentar el fracaso es reconocer que cada momento de derrota tiene un propósito oculto, una enseñanza que puede llevarnos a un entendimiento más elevado. El fracaso, cuando se enfrenta con gracia, es una demostración de la fortaleza de nuestro carácter y de la profundidad de nuestra resolución. Como el navegante corrige su curso tras una tormenta, nosotros debemos ajustar nuestras rutas después de un fracaso, guiados por la brújula de nuestra experiencia renovada.

La sabiduría estoica nos enseña que el fracaso es simplemente un cambio en la dirección del viento; cómo ajustamos nuestras velas determinará nuestro curso futuro. Cada fracaso es un testimonio de nuestra disposición a arriesgarnos, a probar, a vivir plenamente en la búsqueda de nuestras pasiones y propósitos. El estoico enfrenta el fracaso no como una señal de parada, sino como una señal de advertencia que guía hacia rutas más seguras y resultados más satisfactorios. El fracaso es la chispa que enciende la forja de nuestra determinación, calentando el metal de nuestra voluntad hasta que es maleable y listo para ser reformado.

Como el explorador que valora cada obstáculo como un desafío a su ingenio, el estoico ve cada fracaso como un desafío a su capacidad de superación y aprendizaje. Enfrentar el fracaso es ejercer la virtud de la moderación, equilibrando nuestra respuesta emocional con la razón práctica y la perspectiva a largo plazo. Cada fracaso nos ofrece un espejo en el que podemos ver claramente nuestras debilidades y fortalezas, permitiéndonos fortalecer lo uno y apoyarnos en lo otro. El estoico entiende que el fracaso es parte del ritmo natural de la vida, una contraparte necesaria al éxito que nos enseña a valorar cada victoria. Como el artista encuentra belleza en los accidentes de su arte, podemos encontrar belleza en los accidentes de nuestras vidas, cada uno enseñándonos algo valioso. El fracaso es una oportunidad para reafirmar nuestros compromisos, para demostrar a nosotros mismos y a los demás que nuestros ideales pueden resistir incluso los golpes más duros. En cada fracaso hay una oportunidad para la redención; cada error cometido es una invitación a corregir, a mejorar y a evolucionar hacia algo mejor.

El fracaso nos enseña a ser pacientes con nosotros mismos y con el proceso de nuestra propia evolución, recordándonos que el crecimiento toma tiempo y errores. Como el arquitecto que revisa sus planos tras un colapso, debemos revisar los planos de nuestras vidas después de un fracaso, fortaleciendo los fundamentos y mejorando el diseño. La actitud estoica ante el fracaso es de indomable optimismo; cada caída es vista no como un revés, sino como una preparación para un salto más grande hacia adelante. Enfrentar el fracaso es abrazar la totalidad de la experiencia humana, reconociendo que cada aspecto, tanto el éxito como el fracaso, contribuye a nuestra comprensión y sabiduría.

El fracaso corta las cuerdas de las expectativas infladas, permitiéndonos caer de vuelta a la tierra donde podemos plantar nuestros pies firmemente y avanzar con un paso más seguro. Como el herrero elimina las impurezas del metal mediante el calor y el martillo, nosotros podemos eliminar las impurezas de nuestro carácter a través de los desafíos y el fracaso. Cada fracaso nos invita a mirar más allá de las circunstancias inmediatas y a considerar el panorama más amplio, donde cada contratiempo es diminuto en comparación con el camino completo. El fracaso nos enseña a negociar con nuestra propia fragilidad, a dialogar con nuestras limitaciones y a convertirlas en fuentes de fuerza insospechada. En la gestión del fracaso, el estoico encuentra su mayor poder; la habilidad de transformar la derrota en un trampolín para el éxito futuro. Como el agricultor que no juzga la temporada por una cosecha fallida, no debemos juzgar nuestras vidas por los fracasos, sino por cómo estos nos moldean y fortalecen.

El fracaso es un recordatorio de que aún estamos en el camino del aprendizaje, un signo no de estancamiento, sino de movimiento constante hacia adelante. Enfrentar el fracaso es practicar la virtud de la fortaleza, enfrentando cada desilusión con un espíritu que se niega a ser roto y un corazón listo para intentarlo una vez más. El fracaso nos impulsa a refinar nuestra visión, a ajustar nuestro enfoque y a perseguir nuestros objetivos con una claridad renovada y un propósito más definido. Como el alquimista que busca convertir metales en oro, el estoico busca transformar el fracaso en oportunidades de oro para el crecimiento personal y la iluminación.

El fracaso es el maestro más estricto, pero justo; sus lecciones, aunque duras, son impartidas para cultivar nuestra comprensión y fortalecer nuestro espíritu. Enfrentar el fracaso es aprender el arte de la resiliencia, descubriendo cómo cada revés puede ser una plataforma para un salto adelante en nuestra vida. Cada fracaso es una prueba de nuestra dedicación y nuestra capacidad para perseverar, un desafío que nos pregunta cuánto estamos dispuesto a luchar por nuestros sueños. El estoico sabe que el fracaso es simplemente un resultado entre muchos, cada uno ofreciendo diferentes lecciones y oportunidades para la sabiduría. Como el médico que aprende de cada enfermedad para mejorar su práctica, podemos aprender de cada fracaso para mejorar la salud de nuestro carácter y nuestras decisiones. El fracaso nos enseña a valorar el proceso tanto como el resultado, a encontrar la belleza y las lecciones en el camino, no solo en el destino.

En cada fracaso, hay una oportunidad de reevaluar lo que valoramos, de preguntarnos si nuestros objetivos realmente reflejan nuestras verdaderas pasiones y propósitos. Como el pintor que mezcla colores para obtener el tono perfecto, el estoico mezcla experiencia y conocimiento ganado en el fracaso para pintar una vida de comprensión más rica. El fracaso es un compañero constante en el camino hacia la excelencia; sin él, nuestra jornada estaría desprovista de muchas oportunidades para aprender y madurar. Enfrentar el fracaso con integridad y gracia es demostrar una fortaleza de carácter que trasciende los resultados momentáneos y define la calidad de nuestra vida.

El estoico trata el fracaso no como un enemigo, sino como un aliado en el difícil arte de vivir bien, una herramienta que afila y define nuestra virtud. Cada fracaso nos invita a fortalecer nuestra disciplina y a profundizar nuestra comprensión, desafiándonos a vivir con mayor plenitud y propósito. Como el escultor revela la estatua dentro del bloque, el fracaso revela nuestras fortalezas ocultas, esculpiendo nuestro carácter a través de sus desafíos. Enfrentar el fracaso es reconocer que cada experiencia, buena o mala, contribuye a la totalidad de nuestra vida, moldeando quiénes somos y quiénes podemos llegar a ser. El fracaso nos enseña a ser humildes, a reconocer nuestras limitaciones y a buscar la ayuda y el conocimiento que pueden llevarnos más allá de nuestras capacidades actuales. Como el jardinero poda las plantas para inducir un crecimiento más fuerte, el fracaso poda nuestras ilusiones y autoengaños, dejando espacio para un crecimiento auténtico y duradero.

El estoico ve el fracaso como una bendición disfrazada, una oportunidad escondida para recalibrar su vida y reafirmar sus valores más profundos. En cada fracaso, podemos encontrar las claves para desbloquear nuestro potencial latente, herramientas que, aunque ocultas en la adversidad, son esenciales para nuestro desarrollo. El fracaso nos impulsa a interrogar nuestras motivaciones más profundas, aclarando por qué perseguimos nuestros objetivos y cómo podemos perseguirlos con mayor autenticidad. Como el filósofo encuentra sabiduría en la contemplación, el estoico encuentra fortaleza en el fracaso, cada tropiezo una lección vital en el arte de vivir.

Enfrentar el fracaso es un ejercicio en la fortaleza del alma; se requiere valor para mirar más allá del dolor y ver el potencial de transformación. Cada fracaso es un recordatorio de que nuestras expectativas deben ser flexibles, que la adaptabilidad es una virtud tan importante como la determinación. El estoico utiliza el fracaso como un espejo, reflejando no solo sus defectos, sino también iluminando las áreas donde el crecimiento y la mejora son posibles. Enfrentar el fracaso es aceptar que no tenemos control sobre todos los aspectos de la vida, pero sí tenemos control sobre cómo respondemos a los desafíos que enfrentamos. El fracaso desafía nuestra percepción de la identidad y el éxito, invitándonos a desentrañar los verdaderos significados de la victoria y la satisfacción. Como el maestro que valora las preguntas más que las respuestas, el estoico valora el proceso de aprendizaje que el fracaso inicia más que cualquier éxito fugaz.

El fracaso es un llamado a renovar nuestro compromiso con nuestros principios y metas, un desafío para vivir con más conciencia y deliberación. En cada momento de fracaso, hay una oportunidad para reforzar nuestro carácter, para construir la resistencia que sostendrá futuros éxitos y desafíos. Como el atleta que entrena bajo condiciones adversas para ganar fuerza, enfrentamos el fracaso para entrenar nuestra resiliencia y prepararnos para las pruebas de la vida. El fracaso nos enseña a valorar la paciencia; aprendemos que el tiempo es un aliado esencial en el proceso de superar las derrotas y alcanzar el éxito duradero.

Enfrentar el fracaso es practicar la humildad, reconocer nuestras limitaciones y aprender a pedir ayuda y orientación cuando sea necesario. Cada fracaso nos ofrece una visión más clara de nuestras verdaderas capacidades, despojándonos de la arrogancia y equipándonos con la humildad necesaria para crecer. El estoico ve en el fracaso una oportunidad para practicar la virtud de la templanza, moderando nuestras reacciones y encontrando equilibrio incluso en la derrota. Como el navegante corrige su curso tras reconocer un error, nosotros podemos usar el fracaso para ajustar nuestras vidas, asegurándonos de que estamos en el camino correcto. El fracaso nos reta a mantener la integridad, a actuar con honor y dignidad sin importar las circunstancias, manteniendo nuestros valores incluso en los momentos más difíciles.

Enfrentar el fracaso es reconocer que cada obstáculo es una escuela, cada contratiempo una clase, y cada error un examen que, si se pasa, nos gradúa con honores en sabiduría. El fracaso nos enseña a ser más compasivos con nosotros mismos y con los demás, al reconocer que todos enfrentamos nuestras propias batallas y derrotas. Como el alquimista convierte los metales base en oro precioso, el estoico transforma el fracaso en una riqueza de conocimiento y experiencia, encontrando el valor en lo que muchos descartarían. El fracaso nos invita a desmantelar las ilusiones de perfección, mostrándonos que es a través de nuestras imperfecciones que crecemos y nos volvemos verdaderamente humanos.

Como el jardinero sabe que las flores más fuertes a menudo brotan de tierra que ha sido perturbada, así debemos saber que de las perturbaciones de un fracaso pueden surgir nuevas fortalezas. El fracaso es una brújula que nos señala hacia la autenticidad, obligándonos a reevaluar nuestras elecciones y a asegurarnos de que estén alineadas con nuestros valores más verdaderos. En cada fracaso, hay una lección sobre la naturaleza efímera del éxito y la importancia de apreciar el momento presente, independientemente de los resultados. El estoico trata cada fracaso como una meditación, una oportunidad para reflexionar sobre la impermanencia de las cosas y la importancia de permanecer centrado y sereno. Enfrentar el fracaso es una oportunidad para demostrar la gracia, para mostrar que la dignidad y la resolución pueden prevalecer sobre la desilusión y la desesperanza. Cada fracaso nos empuja a refinar nuestra visión del mundo y de nosotros mismos, descartando las suposiciones incorrectas y fortaleciendo nuestras verdades fundamentales.

Como el artista que aprende más de sus borradores descartados que de sus obras maestras, podemos aprender más de nuestros fracasos que de nuestros éxitos. El fracaso nos desafía a ser innovadores, a encontrar nuevas rutas y soluciones inesperadas en respuesta a los obstáculos que parecían insuperables. En cada momento de fracaso, el estoico encuentra una invitación para redescubrir la simplicidad y la sinceridad en su enfoque de la vida. El fracaso es el terreno donde se cultivan la paciencia y la perseverancia; sin él, estos aspectos cruciales de la sabiduría no podrían desarrollarse plenamente.

Como el herrero utiliza el calor del fuego para dar forma al hierro, nosotros podemos usar el calor del fracaso para dar forma a un carácter más resiliente y compasivo. Enfrentar el fracaso es desarrollar una comprensión más profunda de la libertad, aprendiendo que tenemos la capacidad de elegir nuestra respuesta ante cualquier circunstancia. El fracaso nos permite ver claramente quiénes son nuestros verdaderos amigos y aliados, revelando quién está dispuesto a apoyarnos en los momentos más difíciles. Como el arqueólogo que encuentra tesoros ocultos en lugares inesperados, debemos buscar las joyas de conocimiento y autoconocimiento que se esconden en cada fracaso. El fracaso es una llamada a la acción, un recordatorio de que todavía no hemos alcanzado nuestro potencial y que aún tenemos espacio para crecer y mejorar. En cada error hay una oportunidad para la práctica de la empatía, tanto hacia nosotros mismos como hacia los demás, fortaleciendo los lazos humanos que nos sustentan.

El estoico ve en el fracaso no un muro, sino un peldaño; cada caída es una oportunidad para subir un paso más en la escalera de nuestra evolución personal. Enfrentar el fracaso con gracia es una demostración de fuerza interna, un testimonio de nuestra capacidad para mantenernos estables y serenos bajo presión. Como el científico que valora cada experimento fallido por lo que le enseña, debemos valorar cada fracaso por las lecciones que aporta a la gran experimentación de la vida. El fracaso nos enseña a desafiar nuestros límites percibidos, impulsándonos a explorar nuevas capacidades y a extender los horizontes de nuestras habilidades.

Como el poeta que encuentra belleza en la melancolía, el estoico encuentra propósito y crecimiento en el corazón del fracaso, tejiendo con él una narrativa más rica. Enfrentar el fracaso es un acto de coraje que refuerza nuestra autenticidad, demostrando que nuestra valía no se mide por las victorias, sino por cómo manejamos las derrotas. Cada fracaso es una prueba de nuestra flexibilidad y creatividad; nos desafía a adaptarnos y a innovar, encontrando soluciones donde antes veíamos obstáculos. El fracaso es un recordatorio para no tomar nada por sentado, para revisar y reforzar continuamente las bases de nuestras creencias y acciones. Como el artesano que perfecciona su oficio a través de incontables errores, podemos perfeccionar nuestra vida, aprendiendo meticulosamente de cada fallo. El fracaso nos impulsa a una introspección profunda, un viaje hacia dentro que puede revelar nuestras más profundas motivaciones y deseos. En cada momento de fracaso, hay un espacio sagrado para la práctica de la autocompasión, aprendiendo a ser amables con nosotros mismos en nuestras imperfecciones.

Como el agricultor que rotura la tierra dura para sembrar, el fracaso rompe la superficie lisa de nuestra vida, preparándonos para nuevos crecimientos y posibilidades. El fracaso nos desafía a mantener nuestra integridad, a permanecer fieles a nosotros mismos y a nuestros principios, incluso cuando el camino es difícil. En el proceso de recuperarnos del fracaso, descubrimos la esencia de nuestra resiliencia, aprendiendo cuán fuertes podemos ser cuando realmente importa. Como el vino que se enriquece con el tiempo, nuestra capacidad para manejar el fracaso se profundiza con la experiencia, enriqueciendo nuestro carácter y nuestra sabiduría.

El fracaso nos ofrece una perspectiva única sobre el éxito, enseñándonos que cada logro tiene su precio y que cada caída tiene su valor. Enfrentar el fracaso es un ejercicio en redefinir lo que significa ser exitoso, explorando las dimensiones de la satisfacción que van más allá de las ganancias materiales. Como el navegante aprende del mar turbulento, aprendemos del fracaso; cada ola que nos golpea nos enseña una nueva forma de mantener el rumbo. El fracaso es un catalizador para la reinvención personal, una oportunidad para despojarnos de lo que no funciona y abrazar nuevas formas de ser y actuar. En cada error hay una historia de no rendirse; el estoico reconoce que persistir a través del fracaso es en sí mismo una forma de éxito. El fracaso nos enseña a valorar la ayuda y el apoyo de los demás, recordándonos que la interdependencia es a menudo clave para superar los desafíos.

Como el artista que se inspira en sus errores, podemos usar el fracaso como fuente de inspiración, permitiendo que nos guíe hacia expresiones más auténticas de nuestra vida. Enfrentar el fracaso es aprender a separar nuestro sentido de la valía de nuestros logros externos, encontrando valor intrínseco en quiénes somos, no solo en lo que hacemos. El fracaso es una prueba de nuestra capacidad para mantener la visión a largo plazo, recordándonos que los verdaderos objetivos requieren persistencia y tiempo para alcanzarse. Como el escultor retira capas para revelar la forma debajo, el fracaso elimina las ilusiones, mostrándonos nuestra verdadera estructura y resistencia.

Enfrentar el fracaso es una oportunidad para reafirmar nuestros valores, recordando qué es lo que más valoramos y cómo esos valores pueden guiarnos a través de los momentos difíciles. El fracaso nos enseña a desvincular nuestro ego de nuestros resultados, a reconocer que nuestro valor personal no depende de nuestras victorias o derrotas externas. Como el guerrero que se adapta a las tácticas del enemigo, debemos adaptarnos al fracaso, aprendiendo de él para mejorar nuestras estrategias y enfoques. El fracaso es un recordatorio para no sobrestimar nuestras capacidades, pero también para no subestimar nuestra capacidad de recuperación y crecimiento. Enfrentar el fracaso con dignidad es una manifestación de nuestra madurez y evolución personal, un signo de que estamos aprendiendo a manejar la vida con gracia.

Cada fracaso puede ser visto como un reinicio, una oportunidad para comenzar de nuevo con más conocimiento y una mejor comprensión de lo que se necesita para tener éxito. Como el científico cuyos experimentos fallidos contribuyen al cuerpo de conocimiento, nuestros fracasos contribuyen a la profundidad y riqueza de nuestra experiencia de vida. El fracaso nos desafía a cuestionar y, finalmente, a fortalecer nuestra autoestima, probando que podemos enfrentar y superar las adversidades. En el jardín del desarrollo personal, el fracaso es el suelo fértil del que brotan las flores más resistentes y bellas de la sabiduría y la experiencia.

Como el poeta encuentra rima en la disonancia, encontramos orden y propósito en el fracaso, tejiendo sus lecciones en el poema continuo de nuestra vida. El fracaso es un filtro que destila nuestra determinación, dejando solo la esencia pura de nuestra intención y nuestro deseo de lograr nuestros objetivos. En cada fracaso, hay una reducción de lo superfluo, una clarificación que nos permite concentrarnos en lo que es verdaderamente importante y efectivo. El fracaso nos enseña la importancia de la flexibilidad mental, la habilidad de cambiar de perspectiva y de estrategia cuando las condiciones lo requieren. Como el alpinista utiliza cada peñasco para ascender más alto, podemos usar cada fracaso como un punto de apoyo para elevarnos más allá de nuestras limitaciones anteriores. El fracaso es un maestro de paciencia y tiempo, enseñándonos que el progreso a menudo requiere ambos y que la precipitación puede llevar a más errores.

Enfrentar el fracaso es ejercitar la compasión hacia uno mismo, entendiendo que ser demasiado crítico puede obstaculizar nuestro crecimiento en lugar de fomentarlo. Como el artesano que perfecciona un arte a lo largo de toda una vida, nosotros perfeccionamos el arte de vivir, utilizando cada fracaso como una lección en el camino hacia la maestría. El fracaso nos impulsa a redefinir el éxito, a entender que cada caída y cada recuperación son partes intrínsecas de un éxito más auténtico y duradero.

Aprende del fracaso, grábate estas poderosas frases

- ✓ El fracaso es solo la oportunidad para comenzar de nuevo, esta vez más inteligentemente.
- ✓ No es el fracaso el que define tu carácter, sino la forma en la que te levantas después de caer.
- ✓ Lo único imposible es aquello que no intentas.
- ✓ El éxito es ir de fracaso en fracaso sin perder el entusiasmo.

- ✓ Recuerda que el fracaso es un evento, no una persona.
- ✓ Nunca es tarde para ser lo que podrías haber sido.
- ✓ El fracaso te da la oportunidad de empezar de nuevo con más conocimiento.
- ✓ No tengas miedo de fallar. Ten miedo de no intentarlo.
- ✓ La adversidad es un puente hacia una comprensión más profunda.
- ✓ Lo importante no es nunca caer, sino levantarse siempre.
- ✓ Aprende de los errores, son tus maestros más pacientes.
- ✓ Cada fracaso enseña al hombre algo que necesitaba aprender.
- ✓ Un campeón es alguien que se levanta cuando no puede.
- ✓ Todo intento retenido es un paso adelante.
- ✓ Los obstáculos no están para detenerte, están para que demuestres cuánto quieres algo.
- ✓ Solo porque algo no resulte como lo planificaste, no significa que no sea valioso.
- ✓ No cuentes los días, haz que los días cuenten.
- ✓ Tu actitud, no tu aptitud, determinará tu altitud.
- ✓ No es el fracaso lo que debemos temer, sino el no intentar nada.
- ✓ Persiste. Si todo fuera fácil, cualquiera lo haría.

- ✓ El éxito tiene una simple fórmula: da lo mejor de ti y podrías encontrar a la gente que te ayuda.
- ✓ El fracaso es simplemente la oportunidad de comenzar otra vez, esta vez más sabiamente.
- ✓ Cada fracaso es una línea más en el capítulo de tu éxito.
- ✓ Nunca te rindas. El fracaso y el rechazo son solo el primer paso hacia el éxito.
- ✓ No te des por vencido, encuentra un motivo para seguir adelante.
- ✓ Aprende a convertir cada fracaso en una pregunta: ¿Qué puedo aprender de esto?
- ✓ La única vez que realmente fracasas es cuando dejas de intentar.
- ✓ El fracaso es el condimento que da sabor al éxito.
- ✓ La resiliencia es saber que eres el único que tiene el poder y la responsabilidad de levantarte.
- ✓ Si la vida te derriba, intenta caer de espaldas porque si puedes mirar hacia arriba, puedes levantarte.
- ✓ El dolor es temporal. El fracaso es temporal. Sólo renunciar lo hace permanente.
- ✓ Atrévete a fallar. Eso te llevará al éxito.
- ✓ La diferencia entre un sueño y un objetivo es una fecha. Comprométete con tu futuro.
- ✓ Sin lluvia, no hay flores. Sin desafíos, no hay triunfos.

✓ No dejes que el miedo al fracaso te impida jugar el juego.
✓ Toda gran historia en el mundo empezó con un hombre que decidió intentar algo que todos pensaron que fallaría.
✓ Si estás pasando por un momento difícil, sigue avanzando. Al final, valdrá la pena.
✓ El éxito se construye con las piedras del fracaso.
✓ No es sobre cuántas veces te caes, sino sobre cuántas veces te levantas, sacudes el polvo y sigues adelante.
✓ El mayor error que puedes cometer en la vida es el miedo constante a cometer uno.
✓ No hay éxito sin fracaso. Los que evitan el fracaso también evitan el éxito.
✓ Cuando te enfrentas a un obstáculo, no pienses en cuánto te detiene, piensa en cuánto te prepara para el futuro.
✓ Tu mayor fracaso no es caer, sino no tener el coraje de continuar.
✓ El fracaso es parte del camino hacia el éxito. Quien evita fracasar, evita triunfar.
✓ Todo lo que vale la pena lleva tiempo y esfuerzo.
✓ Si el plan no funciona, cambia el plan, pero nunca la meta.
✓ La perseverancia puede cambiar un fracaso en un logro extraordinario.
✓ No se trata de cuánto veces te caes, sino de cuántas veces te levantas.

✓ El fracaso no te sobrepasa si tu determinación de triunfar es lo suficientemente fuerte.

✓ Lo más importante en la vida es no saber caer, sino saber levantarse cada vez que caes.

DESARROLLAR UNA MENTALIDAD ESTOICA

La mentalidad estoica comienza con la aceptación del flujo de la naturaleza, reconociendo que cada evento tiene su lugar y tiempo bajo el sol y las estrellas. Cultivar la serenidad estoica significa aprender a mantener la calma interior ante la tormenta exterior, como un roble que resiste el viento sin quebrarse. La fortaleza de un estoico se mide no por las batallas que evita, sino por las que enfrenta con un corazón tranquilo y una mente clara.

Como el jardinero poda las ramas para fortalecer el árbol, el estoico poda las pasiones para fortalecer el alma, eliminando lo superfluo para nutrir lo esencial. Desarrollar una mentalidad estoica es aprender el arte de la indiferencia selectiva, prestando atención solo a lo que es verdaderamente importante y dentro de nuestro control. El estoico ve la vida como un lienzo, donde cada dificultad es una sombra que realza la luz, cada desafío una pincelada que completa el cuadro.

La paciencia estoica no es simplemente la habilidad de esperar, sino la capacidad de mantener una actitud positiva mientras se trabaja activamente hacia un objetivo. En el corazón del estoicismo yace la comprensión de que nuestra felicidad depende de nuestras reacciones, no de las circunstancias externas. El estoico busca la sabiduría en el silencio, aprendiendo a escuchar tanto la armonía del universo como el susurro de su propia alma. La aceptación estoica de lo inevitable no es resignación, sino un reconocimiento de que algunas batallas se ganan al no luchar contra la corriente del destino. El autocontrol estoico es un escudo forjado en la disciplina y templado en la moderación, capaz de proteger contra las flechas de la adversidad.

El estoico se esfuerza por ser como el río que fluye constantemente hacia su destino, adaptándose al terreno, pero siempre avanzando hacia su meta. La mentalidad estoica transforma el miedo y la ansiedad en vigilancia y preparación, convirtiendo cada preocupación en un plan de acción. Como el alquimista convierte los metales comunes en oro, el estoico transforma los problemas ordinarios en oportunidades extraordinarias para el crecimiento personal. Desarrollar una mentalidad estoica significa ver cada día como una nueva oportunidad para practicar la virtud, cada momento una ocasión para fortalecer el carácter.

La gratitud estoica es un bálsamo que suaviza el alma, recordándonos apreciar lo que tenemos en lugar de lamentar lo que nos falta. El estoico practica la constancia de propósito, manteniendo un curso firme a través de las tormentas de la vida con una determinación inquebrantable. La resiliencia estoica es la habilidad de recuperarse rápidamente de las dificultades, como el bambú que se dobla bajo la tormenta, pero no se rompe. En la tranquilidad estoica, encontramos la fuerza para enfrentar cada desafío, sabiendo que la verdadera batalla se libra en el campo de nuestra propia mente. El estoico comprende que el cambio es la única constante de la vida, y abraza cada transformación como una parte esencial del ciclo natural. La perspectiva estoica nos enseña a diferenciar entre lo que está en nuestras manos y lo que escapa a nuestro control, centrando nuestra energía sabiamente. Cultivar una mentalidad estoica es aprender a decir "esto también pasará" tanto en los momentos de triunfo como en los de tribulación, recordando la temporalidad de todas las cosas. El estoico busca la armonía con el universo, entendiendo que cada experiencia, ya sea buena o mala, es parte de un diseño más grande y beneficioso.

Desarrollar la fortaleza estoica significa no solo resistir las adversidades, sino también extraer de ellas lecciones valiosas que fortalecen nuestro espíritu. El verdadero estoico ve cada obstáculo como un ejercicio para la virtud, una oportunidad para practicar la paciencia, la perseverancia y el coraje. La ecuanimidad estoica no es indiferencia, sino un equilibrio emocional profundamente enraizado que nos permite enfrentar la vida con serenidad y confianza. Practicar el estoicismo es adoptar una actitud de constante aprendizaje, donde cada día ofrece una nueva lección sobre cómo vivir mejor y más sabiamente.

El estoico mantiene una mente abierta y flexible, preparada para adaptarse a las verdades cambiantes del mundo sin perder de vista sus principios fundamentales. La visión estoica de la vida es una de autosuficiencia emocional y mental, donde la felicidad proviene de dentro y no está sujeta a las fluctuaciones del mundo externo. Cultivar una mentalidad estoica implica el desarrollo de una profunda comprensión de uno mismo, explorando nuestras motivaciones, miedos y deseos más íntimos. La templanza estoica no es solo restricción, sino una elección consciente por el medio virtuoso, evitando los extremos y encontrando satisfacción en la moderación. El estoico enfrenta la incertidumbre con una confianza tranquila, sabiendo que su fuerza interior es suficiente para manejar cualquier resultado. Desarrollar una mentalidad estoica es practicar la generosidad sin expectativas, dando libremente sin esperar nada a cambio, encontrando alegría en el acto mismo de dar.

La mente estoica es como un jardín bien cuidado: lo que se cultiva con atención y esfuerzo florecerá, mientras que lo que se descuida se marchitará y morirá. El estoico ve la vida como un mosaico de experiencias, cada una añadiendo color y forma a la imagen total, y acepta cada pieza con igual importancia y gratitud. La autodisciplina estoica es el arte de alinear nuestras acciones con nuestros valores más altos, asegurando que nuestras vidas reflejen lo que verdaderamente apreciamos. En el corazón del estoicismo yace el respeto por la razón y la lógica; el estoico se esfuerza por pensar claramente y actuar coherentemente en todas las circunstancias.

La adaptabilidad estoica no es una debilidad, sino una fortaleza que nos permite enfrentar los cambios de la vida con gracia y eficacia, manteniendo nuestro centro. Practicar el estoicismo es reconocer y celebrar nuestra conexión con los demás y con el mundo, viendo la interdependencia como una fuente de fuerza y no de debilidad. La perspectiva estoica sobre el sufrimiento es única: no es algo que evitar a toda costa, sino algo que, si se enfrenta con virtud, puede llevar a una mayor sabiduría y compasión. El estoico entiende que la autenticidad es esencial para una vida plena; se esfuerza por ser sincero en sus acciones y palabras, viviendo de manera coherente con sus creencias más profundas. La fortaleza mental estoica se cultiva a través del autoexamen riguroso, cuestionando continuamente nuestras percepciones y prejuicios para alcanzar una comprensión más clara de la verdad. El estoico ve cada adversidad como un regalo disfrazado, una oportunidad para probar su virtud y fortalecer su carácter, aceptando cada desafío con gratitud.

Desarrollar una mentalidad estoica implica reconocer que la simplicidad no es una privación, sino una liberación de las complicaciones innecesarias que distraen y desvían. En la calma estoica, encontramos la capacidad de detenernos y reflexionar antes de reaccionar, permitiendo que la razón guíe nuestras emociones en lugar de ser arrastrados por ellas. El estoico adopta la disciplina no como una carga, sino como una liberación; una forma de liberar la vida del caos y alinearla con un propósito claro y consciente.

La resiliencia estoica se basa en la aceptación de que el cambio es inevitable y a menudo fuera de nuestro control, concentrando nuestra energía en nuestras respuestas y actitudes. Practicar el estoicismo es hacer de la honestidad un pilar central de la vida; ser honestos con nosotros mismos y con los demás crea un fundamento de integridad y confianza. El estoico valora la moderación, encontrando en ella la clave para el equilibrio y la armonía; ni demasiado, ni demasiado poco, justo lo necesario para una vida virtuosa. Cultivar una mentalidad estoica significa mantener siempre la perspectiva, recordando que las vicisitudes de la vida son temporales y que nuestra paz interior debe ser eterna. La mentalidad estoica no es reactiva, sino proactiva; implica anticipar los posibles desafíos y prepararse mental y emocionalmente para enfrentarlos con ecuanimidad.

El estoico busca siempre aprender, incluso de las fuentes más improbables, manteniendo una mente abierta y curiosa, lista para absorber sabiduría de cualquier experiencia. La aceptación estoica del destino no significa fatalismo, sino un reconocimiento de que ciertas cosas están más allá de nuestra influencia, enfocándonos en lo que podemos cambiar. En la vida estoica, la empatía y la compasión son cruciales; entender y compartir los sentimientos de los demás es vital para vivir en armonía con el mundo. El autocontrol estoico se extiende a todos los aspectos de la vida, desde las emociones y pensamientos hasta las acciones y palabras, buscando siempre la coherencia virtuosa.

La paciencia estoica no es pasiva; es una actividad dinámica de sostener la tensión de la incertidumbre sin perder la fe en el resultado de nuestros esfuerzos. El estoico sabe que cada momento de la vida, ya sea de alegría o dolor, es impermanente, y se esfuerza por encontrar el significado y la lección en cada uno de ellos. Desarrollar una mentalidad estoica es construir una fortaleza interior desde la cual podemos observar los altibajos de la vida con desapego y tranquilidad. La sabiduría estoica se encuentra en la capacidad de distinguir entre nuestras necesidades y deseos, persiguiendo lo primero con diligencia y moderando lo segundo con cuidado. El estoico se esfuerza por vivir cada día con propósito y presencia, sabiendo que cada momento es una oportunidad para practicar la virtud y profundizar la comprensión de la vida. En la práctica estoica, el silencio es tan valioso como la palabra; se cultiva el arte de escuchar, tanto a los demás como a la voz tranquila de la propia conciencia.

El estoico reconoce que la verdadera libertad proviene de la gobernanza interna, no de las circunstancias externas; su libertad es la libertad del alma, inmutable ante el cambio. Desarrollar una mentalidad estoica implica aprender a apreciar cada experiencia como una parte esencial del tejido de la vida, tejido con el hilo de la necesidad y el propósito. La ecuanimidad estoica es la habilidad de mantener un centro equilibrado, no siendo ni excesivamente exaltado por el éxito ni desesperadamente abatido por el fracaso. El estoico se esfuerza por ser imparcial en su juicio, tratando de ver las situaciones desde múltiples ángulos y evitando el sesgo de las emociones o preconcepciones personales.

Cultivar una mentalidad estoica significa abrazar el cambio, no solo como una inevitabilidad de la vida, sino como una oportunidad vital para el crecimiento y el aprendizaje. El estoico busca la simplicidad, no solo en sus posesiones físicas, sino también en sus deseos y aspiraciones, encontrando riqueza en la claridad y la concentración. En el camino estoico, cada paso es medido; se valora la deliberación en la acción y la reflexión en el pensamiento, asegurando que cada movimiento sea intencionado y virtuoso. La autenticidad estoica no es estática; es un proceso continuo de autoexamen y autoexpresión que refleja un compromiso con la verdad personal y universal. El estoico entiende que el autocontrol es la base de la influencia externa; solo al gobernarse a sí mismo puede esperar influir sabiamente en los demás y en el mundo. Desarrollar una mentalidad estoica es honrar la interdependencia de todas las cosas, reconociendo cómo nuestros pensamientos, acciones y bienestar están conectados con los de los demás.

La visión estoica sobre la adversidad es clara: cada desafío es una llamada a aplicar y fortalecer nuestras virtudes, desde la fortaleza y la paciencia hasta la sabiduría y la templanza. El estoico ve cada día como una nueva página en el libro de la vida, cada uno con espacio para escribir actos de virtud y capítulos de crecimiento continuo. La práctica estoica incluye la aceptación de uno mismo, reconociendo y abrazando nuestras imperfecciones como fundamentales para nuestra narrativa y nuestro desarrollo. El estoicismo enseña que la serenidad viene de dentro, que ningún tumulto externo puede perturbar la paz de un alma bien ordenada y disciplinada.

En la meditación estoica, contemplamos la naturaleza efímera de la vida, lo que nos ayuda a vivir con un sentido de urgencia y claridad, apreciando profundamente el momento presente. Desarrollar una mentalidad estoica es comprometerse con una vida de virtud, donde cada acción y cada decisión se miden contra el estándar de lo que es bueno y justo. El estoico siempre busca el equilibrio, evitando los extremos de la pasión y el desinterés, encontrando en el camino medio la verdadera sabiduría y contentamiento. La resiliencia estoica es nutrida por una aceptación inquebrantable de lo que la vida ofrece, transformando cada experiencia, buena o mala, en un recurso para el fortalecimiento personal. El estoico se ejercita en la perspectiva, capaz de ver más allá del clamor del ahora hacia la tranquilidad de lo eterno, donde cada problema del momento se disuelve en la vastedad del tiempo.

La mentalidad estoica se enriquece con la práctica del desapego consciente, aprendiendo a valorar las cosas y las personas sin depender de ellas para nuestra felicidad. El estoico se entrena para enfrentar la incertidumbre con confianza, sabiendo que la verdadera seguridad se encuentra en la adaptabilidad y la fuerza interna, no en las circunstancias externas. Desarrollar una mentalidad estoica significa cultivar la gratitud incluso en situaciones difíciles, reconociendo que hay lecciones y oportunidades en cada experiencia. La disciplina estoica es una manifestación de autorespeto; al controlar nuestros impulsos y emociones, demostramos un profundo respeto por nuestra propia naturaleza racional.

El estoico practica la objetividad, esforzándose por ver las situaciones tal como son sin las distorsiones del miedo, la esperanza o el deseo, buscando la verdad en su forma más pura. Cultivar una mentalidad estoica es aprender a apreciar el momento presente; cada instante es visto como suficiente en sí mismo, lleno de posibilidades para el ejercicio de la virtud. El autoexamen estoico es diario y profundo, una introspección que busca identificar no solo errores, sino también oportunidades para ser más coherentes y compasivos. La mentalidad estoica aboga por la constancia; el compromiso con nuestros principios y nuestra paz interior debe ser inquebrantable, independientemente de las pruebas que enfrentemos. El estoico ve la crítica como un regalo, una oportunidad para el automejoramiento y la reflexión, no como un ataque personal sino como un catalizador para el crecimiento.

En la práctica estoica, cada dificultad es recibida con un espíritu de firmeza; la perseverancia se convierte no solo en un hábito, sino en un honor. La visión estoica nos invita a ser guardianes de nuestra paz mental, protegiéndola con la misma vigilancia que un tesoro, sabiendo que es la fuente de nuestra claridad y nuestra fortaleza. Desarrollar una mentalidad estoica es abrazar la paradoja de que al aceptar lo que no podemos cambiar, ganamos el poder para cambiar lo que sí podemos. La generosidad estoica es silenciosa y constante; se da no para recibir algo a cambio, sino porque el acto de dar es en sí mismo una expresión de abundancia y fortaleza.

El estoico es un eterno estudiante de la vida, cada día ofrece una nueva lección en el arte de vivir bien, y cada interacción es una oportunidad para practicar la virtud. La mentalidad estoica se caracteriza por una valentía tranquila, un coraje que no necesita ser ruidoso o visible, pero que se mantiene firme ante cualquier desafío. En el estoicismo, el autocontrol y la autoaceptación van de la mano; reconocer nuestras limitaciones es el primer paso para superarlas. El estoico se esfuerza por mantener una mente clara y un corazón ligero, libre de las cargas innecesarias del resentimiento, la envidia y el arrepentimiento. La paciencia estoica es tanto un refugio como una estrategia; permite al individuo actuar no cuando las emociones dictan, sino cuando la razón lo guía. En la mentalidad estoica, la empatía se extiende más allá del simple entendimiento emocional para incluir un compromiso activo con el bienestar de los demás. Cultivar una mentalidad estoica es comprometerse con la mejora continua, no solo en uno mismo, sino también en contribuir positivamente al mundo que nos rodea.

La mentalidad estoica invita a la reflexión antes de la acción, promoviendo un espacio de calma en el que podemos ponderar nuestras decisiones con sabiduría y perspectiva. El estoico trata cada contratiempo como un acertijo a resolver, un desafío que agudiza la mente y refuerza el carácter a través de la resolución creativa y paciente. Desarrollar una mentalidad estoica implica cultivar la autenticidad en cada acto, siendo verdadero tanto en los momentos de quietud como en los de acción. La firmeza de la mente estoica se forja en el reconocimiento de que el sufrimiento a menudo es temporal y que nuestra respuesta a él define su impacto en nuestras vidas.

El estoico se esfuerza por mantener una presencia equilibrada, donde la emoción y la razón coexisten, permitiendo respuestas informadas y compasivas a los desafíos de la vida. Cultivar la mentalidad estoica significa abrazar la alegría como una virtud, encontrando contentamiento en la simplicidad y la satisfacción en el deber cumplido. La prudencia estoica nos enseña a medir nuestras palabras y acciones, considerando no solo la verdad, sino también la utilidad y la bondad de lo que expresamos. El estoico ve cada nuevo día como una pizarra en blanco para la práctica de la virtud, donde los errores pasados son lecciones aprendidas y no cadenas que arrastrar. Desarrollar una mentalidad estoica requiere una conexión consciente con el momento presente, viviendo plenamente en el ahora sin la distracción de preocupaciones pasadas o futuras.

La generosidad del estoico no se limita a lo material; se extiende a ofrecer tiempo, atención y comprensión, reconociendo estas como las verdaderas riquezas a compartir. En el estoicismo, la determinación se ve como la capacidad de persistir a pesar de las dificultades, manteniendo la vista en los objetivos a largo plazo mientras se navegan los obstáculos. La mentalidad estoica implica una aceptación tranquila de la muerte y la transitoriedad, lo que permite vivir con una perspectiva más amplia y una apreciación más profunda de la vida. El autocontrol estoico no es solo una práctica externa, sino una disciplina interna que involucra gobernar nuestros pensamientos y emociones tanto como nuestras acciones.

La visión estoica de la adversidad como un bien necesario enseña que, sin desafíos, no hay pruebas para la virtud, ni oportunidades para demostrar nuestro verdadero valor. El estoico se esfuerza por ser inquebrantable no solo ante la adversidad, sino también frente a la complacencia que viene con el éxito y la facilidad. La equidad en la mentalidad estoica no es solo justicia en el trato a los demás, sino también en el juicio propio, evaluando nuestras acciones y motivaciones con imparcialidad. Cultivar una mentalidad estoica es aprender a valorar la soledad, encontrando en el silencio un aliado para la reflexión y la renovación espiritual. El estoico aborda cada relación con integridad y respeto, sabiendo que la verdadera comunidad se construye sobre la base de la virtud compartida y el respeto mutuo. La humildad estoica nos enseña a aceptar críticas y elogios con igual gracia, viendo ambos como oportunidades para aprender y crecer, no como medidas de nuestro valor. El estoico reconoce que el autoconocimiento es la base de toda sabiduría, dedicando tiempo y energía para entenderse a sí mismo tanto como al mundo que lo rodea.

La mentalidad estoica aboga por la proactividad frente a la reactividad, cultivando la capacidad de anticipar y prepararse para los desafíos antes de que surjan. El estoico se esfuerza por mantener la objetividad, reconociendo y apartando las emociones que podrían nublar el juicio y distorsionar la percepción de la realidad. Cultivar una mentalidad estoica significa abrazar el perdón, tanto hacia uno mismo como hacia los demás, entendiendo que todos somos imperfectos y estamos en un proceso de aprendizaje constante.

La paciencia en el estoicismo es vista como una fortaleza, un reflejo de la capacidad para soportar y perseverar, sabiendo que muchos de los mejores resultados en la vida requieren tiempo. El estoico reconoce la importancia de la comunidad y el apoyo mutuo, sabiendo que, aunque la virtud es personal, se fortalece y se manifiesta plenamente en la compañía de otros. Desarrollar una mentalidad estoica implica un compromiso con la coherencia: alinear pensamientos, palabras y acciones con los principios estoicos de virtud y moderación. El autoexamen estoico es una herramienta diaria, no ocasional; una revisión constante de cómo nuestras acciones se alinean con nuestros valores más profundos. La mentalidad estoica promueve la adaptabilidad, el reconocimiento de que el cambio es constante y que la flexibilidad mental y emocional es crucial para el bienestar.

En el estoicismo, cada fracaso se convierte en un punto de inflexión para la reflexión y la recalibración, no un motivo para la desesperación o el desánimo. El estoico valora la simplicidad en el pensamiento y en la vida, buscando reducir la complejidad no necesaria que puede llevar a la confusión y al error. La determinación estoica es tranquila pero implacable, una fuerza suave pero persistente que avanza hacia los objetivos establecidos con una convicción inquebrantable. Cultivar una mentalidad estoica también significa practicar la discreción, sabiendo cuándo actuar y cuándo es más sabio retirarse o permanecer en silencio.

El respeto por la naturaleza y su curso es central en el estoicismo, aceptando sus ritmos y lecciones como parte integral de la sabiduría que guía nuestra existencia. La mentalidad estoica se nutre del estudio y la reflexión continua, viendo el aprendizaje constante como un pilar esencial para la vida virtuosa y plena. El estoico busca construir y mantener la paz interna, incluso en medio de la agitación externa, cultivando un refugio espiritual que permanezca intacto sin importar las circunstancias. La ecuanimidad estoica frente a la prosperidad y la adversidad es crucial; se mantiene un núcleo constante de gratitud y humildad, sin importar los vaivenes de la fortuna. En el estoicismo, la autenticidad se expresa a través de la constancia de ser uno mismo en todas las situaciones, fiel a los principios personales y sin dobleces ante las presiones externas. El estoico se adhiere a un pragmatismo iluminado, donde las decisiones se basan tanto en la utilidad como en la virtud, buscando siempre el mayor bien en cualquier situación.

Desarrollar una mentalidad estoica significa también reconocer y celebrar los placeres simples de la vida, disfrutando sin apego y con una profunda apreciación por el momento. La claridad mental estoica es el resultado de un compromiso con la verdad, purgando ilusiones y deseos engañosos para ver y actuar con la máxima transparencia y eficacia. La mentalidad estoica fomenta la fortaleza en silencio, cultivando una resistencia que no necesita ser proclamada, pero que se manifiesta claramente en la acción. En el estoicismo, el autocontrol se extiende más allá de las reacciones emocionales, incluyendo también los deseos y las ambiciones, manteniéndolos siempre en armonía con la razón.

El estoico ve cada interacción humana como una oportunidad para practicar la virtud, ya sea la paciencia, la bondad o la justicia, enriqueciendo así tanto su vida como la de los demás. Desarrollar una mentalidad estoica implica reconocer la interconexión entre mente, cuerpo y espíritu, y buscar el equilibrio y la salud en todas estas áreas. La perseverancia estoica no es simplemente resistir, sino persistir con propósito, guiados por una visión clara de lo que es valioso y verdadero. El estoico se esfuerza por vivir con integridad total, donde sus principios no son solo ideales teóricos, sino realidades vivas que guían cada aspecto de su vida. En la práctica estoica, se valora la sinceridad como una piedra angular de las relaciones humanas y del autodescubrimiento, siendo honestos no solo con los demás sino con uno mismo. La mentalidad estoica aboga por un liderazgo que sea sereno y considerado, que inspire a otros no a través de la fuerza, sino a través del ejemplo de virtud y estabilidad.

El estoico entiende que la verdadera sabiduría viene de la capacidad de mantener la calma en medio del caos, encontrando la serenidad dentro de sí mismo que es inmune a las tormentas externas. Cultivar una mentalidad estoica significa también desarrollar la empatía, entendiendo profundamente las emociones y motivaciones de los demás sin ser arrastrado por ellas. El estoico reconoce que la verdadera seguridad no puede encontrarse en el mundo material, sino en la fortaleza de su carácter y la pureza de sus intenciones.

La equidad estoica implica tratar todas las situaciones y personas con justicia y desapego, evaluando los méritos y las faltas con una mente imparcial. En el estoicismo, cada dificultad es vista como una invitación a fortalecer el alma, un reto que, una vez superado, deja un legado permanente de fortaleza interna. El estoico se adentra en la práctica del autocontrol no solo como una forma de dominio personal, sino como una vía para alcanzar una mayor libertad interna. Desarrollar una mentalidad estoica es entender que el sufrimiento a menudo deriva no de los hechos en sí, sino de nuestras opiniones sobre estos hechos. La paciencia estoica se cultiva a través de la comprensión de que todo tiene su momento, y que la precipitación puede llevar a errores y juicios mal fundados. El estoico practica la generosidad de espíritu, ofreciendo perdón y comprensión tan libremente como busca la justicia y la verdad en sus relaciones. En el estoicismo, la aceptación de lo inevitable se combina con un compromiso activo de trabajar dentro de esos límites para mejorar uno mismo y el mundo.

La mentalidad estoica se enriquece con la valoración del silencio y la reflexión, tiempos en los que la mente puede asentarse y las verdades más profundas pueden surgir. El estoico busca la sabiduría no solo en los libros o en el discurso, sino en la observación directa de la vida, aprendiendo de cada experiencia como un texto viviente. El estoico ve la resiliencia no como una resistencia pasiva, sino como una reconstrucción activa del yo, donde cada desafío es una oportunidad para fortalecer y rediseñar el carácter. Cultivar una mentalidad estoica es reconocer que la verdadera maestría de la vida viene de dominar la mente y el espíritu, no solo de acumular logros externos.

En el estoicismo, el control de los impulsos es crucial; se enseña a retrasar la gratificación y a reflexionar sobre las consecuencias antes de actuar, buscando siempre el bien mayor. La mentalidad estoica invita a ver la adversidad como un espejo que revela nuestras verdaderas fortalezas y debilidades, permitiéndonos conocer más profundamente nuestra esencia. El estoico aborda la incertidumbre con un enfoque pragmático, utilizando la razón y la experiencia para navegar por situaciones imprevisibles con confianza y gracia. Desarrollar una mentalidad estoica significa aprender a vivir con la paradoja, abrazando tanto la capacidad de cambiar lo que es posible como la serenidad para aceptar lo inevitable. El estoico cultiva una mente global, considerando cómo sus acciones afectan a otros y al mundo, buscando siempre el impacto más ético y compasivo. La honestidad brutal es un pilar del estoicismo; enfrentar y comunicar la verdad, incluso cuando es difícil, es esencial para mantener la integridad personal y la confianza en las relaciones.

En la mentalidad estoica, se valora la autenticidad sobre la apariencia, prefiriendo ser verdaderamente virtuoso a parecerlo, lo que implica una constante vigilancia sobre los motivos propios. El estoico se esfuerza por ser inmutable ante los elogios y las críticas, encontrando su valor no en la opinión ajena, sino en la adherencia a sus propios principios éticos. Cultivar una mentalidad estoica es abrazar la moderación en todas las cosas, desde el consumo y el gasto hasta las emociones y los deseos, buscando siempre el equilibrio.

La visión estoica sobre el error es indulgente y constructiva; cada fallo es una lección importante, y el error humano es una oportunidad para la empatía y el aprendizaje. En el estoicismo, cada momento de vida es visto como valioso, una oportunidad única para actuar virtuosamente y dejar un impacto positivo no importa cuán pequeño sea. El estoico practica la presencia consciente, estando totalmente en el momento, ya que solo en el presente podemos ejercer control y ejercitar la virtud. Desarrollar una mentalidad estoica incluye el cultivo de la paciencia estratégica, reconociendo que algunas de las recompensas más grandes de la vida requieren un compromiso a largo plazo. El estoico utiliza la reflexión como una herramienta diaria, un ejercicio de revisar el día, evaluar las acciones y preparar la mente para los desafíos del mañana. La mentalidad estoica aboga por una vida de servicio, viendo el liderazgo y el éxito no como un fin en sí mismos, sino como medios para contribuir al bienestar de otros.

El estoico reconoce que la verdadera libertad es interna; es la libertad de reaccionar con virtud, sin importar las cadenas externas o las restricciones que la vida pueda imponer. En el estoicismo, la claridad mental se alcanza mediante la eliminación de distracciones y la concentración en lo que verdaderamente importa, simplificando la vida para amplificar su significado. El estoico ve el agradecimiento como una práctica central, no solo por los bienes tangibles, sino también por las pruebas y las personas que moldean nuestro carácter y nuestra vida.

La mentalidad estoica enfatiza la importancia de la autodisciplina como medio para alcanzar la libertad interna, liberándonos de los caprichos de los deseos descontrolados. El estoico se esfuerza por mantener una mente y un entorno ordenados, creyendo que un espacio claro y sistemático refleja y apoya una mente clara. Cultivar una mentalidad estoica es entender que el verdadero crecimiento a menudo viene disfrazado de fracaso o dificultad, y que cada obstáculo es una invitación a evolucionar. La resolución estoica no es simplemente una firmeza frente a la adversidad, sino una voluntad proactiva de enfrentar y transformar los desafíos en oportunidades de fortalecimiento. En el estoicismo, se valora la capacidad de permanecer centrado en medio de la turbulencia, cultivando una paz que no es perturbada por el caos externo. El estoico practica la aceptación activa, que no es pasividad, sino un compromiso para trabajar con la realidad tal como es, no como desearíamos que fuera.

Desarrollar una mentalidad estoica implica aprender a distinguir entre lo urgente y lo importante, priorizando acciones que alineen con los valores y objetivos a largo plazo. El estoico ve cada interacción y cada relación como un terreno fértil para la práctica de virtudes como la justicia, la amabilidad y la honestidad. La mentalidad estoica fomenta la resistencia emocional, capacitando a la persona para enfrentar las emociones negativas de manera constructiva y sin ser dominado por ellas. En el estoicismo, se celebra la autonomía personal, reconociendo que la independencia del juicio y la acción son esenciales para una vida virtuosa y satisfactoria.

El estoico se compromete a vivir con propósito, cada acción y decisión impulsada por una intención clara y un sentido profundo de dirección personal. Cultivar una mentalidad estoica también significa apreciar la belleza en lo ordinario, encontrando profundidad y significado en los aspectos simples de la vida cotidiana. La mentalidad estoica aboga por un compromiso con el aprendizaje continuo, no solo académico sino también en la sabiduría práctica y emocional. El estoico utiliza la adversidad como un crisol para purificar el carácter, eliminando impurezas como el egoísmo y la ira, y fortaleciendo cualidades como la paciencia y la comprensión. Desarrollar una mentalidad estoica implica mantener siempre una perspectiva global, considerando las consecuencias a largo plazo de nuestras acciones y su impacto en los demás. El estoico se esfuerza por ser un faro de estabilidad y confiabilidad para los demás, sabiendo que la verdadera fuerza se muestra a través del apoyo y la solidaridad. La práctica estoica incluye la capacidad de perdonar rápida y completamente, liberando tanto al ofensor como a uno mismo de las cadenas del rencor.

En el estoicismo, se promueve la integridad como el mayor bien, asegurando que nuestras vidas sean un reflejo coherente de nuestros principios y creencias más altos. La mentalidad estoica reconoce que cada día es un regalo, una oportunidad única para vivir de acuerdo con nuestras virtudes y para hacer una diferencia positiva en el mundo. Cultivar una mentalidad estoica es comprometerse con la serenidad interna, buscando siempre el equilibrio entre actuar en el mundo y mantener la paz interior.

EL VALOR DE LA SIMPLICIDAD

La simplicidad es la claridad del alma que ve más allá de la complejidad del mundo, encontrando la esencia de cada cosa en su forma más pura y natural. En la simplicidad, hallamos la serenidad; es el arte de despojar lo superfluo para revelar la belleza tranquila de lo esencial. La vida simplificada es como un río que fluye sin obstáculos, cuyo curso claro y directo conduce hacia la verdad con elegancia y gracia.

Cultivar la simplicidad es aprender a apreciar lo suficiente, descubriendo que en la moderación y el contentamiento reside la verdadera abundancia. La simplicidad nos enseña a valorar lo que realmente importa, desechando las distracciones que llenan nuestras vidas, pero vacían nuestro espíritu. En la quietud de la simplicidad, el alma encuentra su eco más claro; aquí, en el silencio despejado, la voz de la sabiduría se escucha más fuerte. La simplicidad es el refinamiento último; al igual que el escultor que remueve lo innecesario para revelar la forma, nosotros eliminamos para revelar nuestra verdad.

Adoptar la simplicidad es abrazar el espacio, tanto externo como interno, permitiendo que el aire fresco renueve nuestra perspectiva y refresque nuestro ser. En lo simple se encuentra la profundidad inexplorada; cada objeto, cada momento lleva consigo una infinitud que solo la mirada atenta y tranquila puede descubrir. La simplicidad es la promesa de la paz; en su práctica, dejamos atrás el caos de las ambiciones excesivas para caminar por el sendero de la paz y la plenitud. Es en la simplicidad donde la complejidad del alma se satisface, no a través de más, sino a través de menos, pero menos que es más profundo y significativo. La simplicidad no es una limitación, sino una liberación de las cadenas del exceso, un retorno voluntario a la esencia de la vida y del ser. Practicar la simplicidad es cultivar la economía de pensamiento y acción, eligiendo con cuidado lo que añade valor real y duradero a nuestra existencia.

En el corazón de la simplicidad palpita la autenticidad; es la expresión más sincera de nosotros mismos, sin adornos innecesarios ni pretensiones. La simplicidad en nuestras relaciones ilumina la pureza de nuestro amor y cuidado, liberando los lazos del afecto de complicaciones y condiciones. Adoptar la simplicidad es hacer las paces con el orden natural de las cosas, respetando los ritmos y ciclos que rigen la vida y el universo. La simplicidad nos invita a una vida de reflexión, donde cada objeto, cada actividad tiene su lugar y propósito, y nada es sin sentido o superfluo.

En la simplicidad, cada día es una obra de arte, donde las acciones más mundanas se realizan con una atención y un cuidado que les confiere dignidad y belleza. La simplicidad es el arte de la suficiencia, la habilidad de decir "basta" con gratitud y comprensión, sabiendo que lo que tenemos es todo lo que necesitamos. Cultivar la simplicidad en nuestra vida diaria es un acto de rebeldía contra la cultura del exceso, una declaración de nuestra independencia del consumismo y la acumulación. La simplicidad es como el agua clara, revelando el fondo sobre el cual descansa todo lo demás; despejada de impurezas, muestra la verdad subyacente. En la práctica de la simplicidad, encontramos la economía de esfuerzo; cada acción se vuelve deliberada, cada elección cargada de intención y propósito. La simplicidad es un homenaje a lo sustancial, un alejamiento de lo trivial y efímero hacia lo que verdaderamente sustenta y enriquece la vida.

En el jardín de la simplicidad, cada planta, cada flor tiene su lugar y razón de ser, enseñándonos que menos es a menudo más cuando cada parte se cultiva con cuidado. La simplicidad es el telón de fondo contra el cual la complejidad de la vida se vuelve comprensible, un marco que ordena el caos y da sentido al mundo. Practicar la simplicidad es honrar el espacio tanto como la sustancia, reconociendo que el vacío entre las cosas es donde ocurre la magia de la vida. En la simplicidad, la mente encuentra su calma, liberada de la constante presión de querer más, pudiendo finalmente descansar en el contentamiento.

La simplicidad nos desafía a ser eficientes en nuestro consumo, conscientes en nuestras decisiones y meticulosos en nuestro compromiso con el planeta y sus recursos. Cultivar una vida simple es un acto de claridad y concentración, donde cada elemento es esencial, y nada que sea superfluo se permite en el espacio sagrado de nuestra existencia. La simplicidad en la expresión y en el arte refleja una profundidad que va más allá de la superficie, donde lo no dicho resuena tan fuertemente como lo dicho. La simplicidad no es meramente estética, sino profundamente funcional; simplificar es optimizar, encontrar la forma más efectiva y elegante de vivir. En la simplicidad, encontramos el ritmo natural de la vida, un paso a la vez, una respiración a la vez, en perfecta armonía con el pulso del universo. La simplicidad es el reconocimiento de que la verdadera riqueza no se mide en posesiones, sino en la paz, la salud y las relaciones que nutren y sostienen. Practicar la simplicidad es aprender a decir no a lo que es innecesario, liberándonos de la tiranía de las opciones y concentrándonos en lo que realmente enriquece nuestras vidas.

La simplicidad es una forma de resistencia, un rechazo a ser arrastrados por la corriente de consumo y complicación que define tanto de nuestra época moderna. En la simplicidad, cada objeto, cada acto, se vuelve significativo; cuando menos se tiene, más se valora lo que se tiene, y mayor atención se le presta. La simplicidad es tanto un refugio como un desafío; nos ofrece un santuario del desorden del mundo, pero también nos desafía a mantener su pureza y propósito. En el ámbito de lo simple, la mente se expande; liberada de la congestión del exceso, puede explorar profundidades de pensamiento y creatividad anteriormente inaccesibles.

La simplicidad es la máxima sofisticación; en su esencia, combina la belleza de la economía con la elegancia de la función, logrando mucho con muy poco. Practicar la simplicidad en las relaciones significa buscar la autenticidad en lugar de la impresión, valorando la calidad de la conexión sobre la cantidad de interacciones. La simplicidad en la comunicación es una forma de respeto; habla con claridad y sinceridad, eliminando las ambigüedades y los adornos que pueden distorsionar el mensaje verdadero. Cultivar la simplicidad es reconocer que la calidad de vida no se incrementa con la cantidad de bienes poseídos, sino con la profundidad de las experiencias vividas. En la simplicidad, encontramos una invitación a desacelerar, a moverse al ritmo de la naturaleza, donde cada proceso tiene su tiempo y su lugar.

La simplicidad no es solo un estilo de vida, sino una filosofía que permea nuestras decisiones, guiándonos a elegir con propósito y a vivir con deliberación. Practicar la simplicidad es volver a lo básico de la humanidad, donde la compasión, la bondad y la generosidad son más fundamentales que cualquier posesión material. En la simplicidad de la rutina diaria, se puede encontrar un consuelo profundo; las pequeñas ceremonias de lo cotidiano se vuelven rituales sagrados que anclan y nutren. La simplicidad nos enseña a valorar el trabajo manual y la artesanía, donde la atención al detalle y el cuidado en la creación son en sí mismos actos de meditación y respeto.

En la alimentación, la simplicidad se traduce en comer con conciencia, eligiendo alimentos que nutren más que solo alimentan, y apreciando la pureza de los ingredientes naturales. La simplicidad en el hogar es un refugio de paz; cada objeto y cada espacio están curados para servir un propósito, ya sea funcional o espiritual, eliminando el desorden que distrae y estresa. Practicar la simplicidad financiera es liberarse de la perpetua búsqueda de más; es aprender a encontrar satisfacción y seguridad en lo que es suficiente. La simplicidad en el arte de enseñar es clarificar, no complicar; es el arte de hacer accesible y comprensible incluso el concepto más complejo. En la simplicidad, cada adiós y cada bienvenida son significativos; los momentos de transición se respetan como oportunidades para reflexionar y renovarse. La simplicidad nos anima a vivir con ligereza, dejando una huella suave sobre la tierra, conscientes de cómo nuestras acciones afectan el mundo más allá de nosotros mismos. Practicar la simplicidad es también practicar la humildad, reconociendo que no necesitamos mucho para vivir bien, y que en la limitación a menudo encontramos nuestra mayor libertad.

En la educación, la simplicidad puede ser revolucionaria; simplificar los métodos y concentrarse en lo fundamental puede desbloquear una comprensión más profunda y un aprendizaje más genuino. La simplicidad en la amistad significa profundidad y autenticidad; se prefiere la calidad de unos pocos vínculos profundos sobre la cantidad de conexiones superficiales. En la simplicidad encontramos el valor del silencio, aprendiendo que no todas las preguntas necesitan respuestas inmediatas y que, en el espacio entre las palabras, a menudo reside la verdad.

La simplicidad es una forma de valentía, el coraje de enfrentar la vida tal como es, sin adornos ni escapismos, enfrentando la realidad con claridad y resolución. Practicar la simplicidad en nuestras aspiraciones nos permite enfocarnos en metas que realmente reflejan nuestros valores más profundos, en lugar de perseguir objetivos impuestos por otros. La simplicidad en el vestir refleja una autoaceptación, una comodidad con uno mismo que no requiere disfraces ni decoraciones para sentirse completo y digno. La simplicidad nos enseña a encontrar el ritmo en nuestra respiración y el equilibrio en nuestros pasos, celebrando el movimiento natural sobre el apuro. En la simplicidad, cada elección se convierte en un acto de conciencia, donde la intención clara guía nuestras decisiones, liberándonos de la indecisión y el arrepentimiento. La simplicidad en la toma de decisiones elimina la parálisis por análisis; reduce las opciones a lo esencial, permitiendo una acción más rápida y segura.

Practicar la simplicidad es reconocer que en la restricción voluntaria se encuentra una expansión inesperada de las capacidades y la creatividad. La simplicidad nos invita a celebrar el ahora, a encontrar el gozo en el momento presente sin postergarlo en espera de circunstancias "mejores" o "ideales". En la simplicidad, la naturaleza se convierte en nuestra maestra, mostrándonos cómo la complejidad puede surgir de principios básicos y cómo la armonía se encuentra en el equilibrio.

La simplicidad en las relaciones nos alienta a ser directos y transparentes, evitando juegos y manipulaciones para cultivar conexiones genuinas y duraderas. Practicar la simplicidad es hacer de la honestidad un pilar de nuestra existencia, eliminando las máscaras y enfrentando la vida y a los demás con nuestra verdad desnuda. La simplicidad en el liderazgo se manifiesta en la claridad de propósitos y la economía de recursos, inspirando a otros con el poder de la visión, no del exceso. En la gestión del tiempo, la simplicidad se traduce en priorizar lo que verdaderamente importa, asegurando que cada momento invertido refleje nuestros valores y objetivos más profundos. La simplicidad nos desafía a ser eficientes no solo en el trabajo, sino en la bondad; hacer menos, pero hacerlo bien y con plena atención y cuidado hacia los demás. Practicar la simplicidad es también practicar la gratitud; apreciar lo que tenemos en lugar de lamentar lo que nos falta, encontrando riqueza en la austeridad. La simplicidad en el consumo no es solo una elección económica, sino una postura ética que cuestiona el costo real de nuestros deseos sobre nosotros y sobre el planeta.

En la simplicidad, encontramos un retorno a lo auténtico, un rechazo del artificial que permea tanto de nuestra cultura moderna y nuestras interacciones. La simplicidad es un camino hacia la paz interior, una forma de deshacer el enredo de expectativas y ambiciones que a menudo nublan nuestra paz mental. Practicar la simplicidad implica aprender a decir "no", estableciendo límites saludables que protejan nuestro tiempo, nuestra energía y nuestro bienestar emocional. La simplicidad en la vida diaria nos libera para enfocarnos en el crecimiento personal, en lugar de ser consumidos por la gestión constante del desorden y la complicación.

En la arquitectura de una vida simplificada, cada estructura, cada espacio, sirve un propósito, y cada elemento innecesario se elimina para mejorar la funcionalidad y la belleza. La simplicidad es un acto de rebeldía en un mundo que predica constantemente "más es mejor", desafiando esta noción con el poder tranquilo de "menos pero mejor". Practicar la simplicidad en nuestras emociones significa aprender a responder en lugar de reaccionar, procesando nuestros sentimientos con reflexión antes de permitirles dirigir nuestras acciones. La simplicidad en la expresión artística revela la profundidad detrás de lo obvio, permitiendo que las verdades sutiles emerjan a través de gestos mínimos y formas puras. Practicar la simplicidad es reconocer que cada objeto, cada actividad debe justificar su lugar en nuestras vidas, no solo por utilidad, sino por la alegría o la paz que aporta. En la simplicidad, aprendemos a apreciar los ciclos de la naturaleza, aceptando que el crecimiento y el declive son igualmente necesarios y hermosos.

La simplicidad en nuestras aspiraciones nos centra en metas que reflejan nuestros valores más profundos, evitando la dispersión de energías en deseos efímeros o superficiales. Practicar la simplicidad es también un ejercicio de confianza, confiando en que lo que tenemos es suficiente y que el exceso a menudo complica más que mejora. La simplicidad en la planificación nos ayuda a ver el futuro con claridad, eliminando las distracciones y concentrándonos en lo que realmente importa a largo plazo. En la educación, la simplicidad puede transformar la enseñanza, haciendo que los fundamentos sean comprensibles y atractivos, y eliminando lo superfluo que obstruye el aprendizaje.

La simplicidad en la alimentación nos devuelve a los ingredientes básicos, a los métodos de cocción elementales, y a una relación más directa y saludable con lo que comemos. Practicar la simplicidad en el descanso y la recreación significa elegir actividades que rejuvenezcan realmente, en lugar de las que simplemente llenan el tiempo. La simplicidad en la vestimenta refleja una elección consciente de comodidad y expresión personal sobre la moda efímera o el estatus impuesto por marcas y tendencias. En las relaciones, la simplicidad fomenta la sinceridad, promoviendo interacciones que son directas y libres de juegos emocionales o expectativas no realistas. La simplicidad nos ayuda a construir un hogar que no solo es un lugar para vivir, sino un santuario que refleja nuestros ideales más tranquilos y organizados. Practicar la simplicidad nos anima a despejar no solo nuestros espacios físicos, sino también nuestros espacios mentales y emocionales, creando claridad y paz.

La simplicidad es la puerta de entrada a la comprensión profunda, permitiéndonos profundizar en las verdades fundamentales que los adornos y complicaciones a menudo ocultan. En la simplicidad encontramos el camino hacia una vida sostenible, donde cada elección respeta los límites de nuestros recursos personales y del planeta. Practicar la simplicidad no es renunciar a la riqueza, sino redefinirla, reconociendo la riqueza en la salud, la paz, y las relaciones significativas más que en la acumulación material.

La simplicidad nos enseña la economía de palabras, hablando solo lo necesario, pero asegurando que cada palabra tenga peso, claridad y propósito. En el arte de vivir, la simplicidad es un refinamiento, una destilación de la vida a sus componentes más esenciales y enriquecedores. La simplicidad en el liderazgo es efectiva; liderar con el ejemplo de claridad y propósito directo inspira a otros a seguir con convicción y dedicación. Practicar la simplicidad es abrazar la vida con plenitud, encontrando lo sublime en lo simple y lo extraordinario en lo ordinario, en cada paso del camino. La simplicidad es una forma de arte que invita a la quietud en la contemplación, permitiendo que el espíritu respire libremente, sin las ataduras del exceso. En la simplicidad, cada objeto en nuestro hogar tiene una historia, un propósito y un lugar; nada es anónimo, y todo es apreciado. Practicar la simplicidad es honrar el antiguo principio de "menos es más", encontrando belleza y profundidad en la eliminación de lo que no es esencial.

La simplicidad en el diseño no es solo estética, sino también ética, promoviendo la sostenibilidad y rechazando el desperdicio en todas sus formas. En las finanzas, la simplicidad se manifiesta en la claridad, evitando las complicaciones innecesarias y buscando siempre la transparencia y la honestidad. La simplicidad nos desafía a ser creativos dentro de nuestras limitaciones, encontrando soluciones ingeniosas que a menudo son más efectivas que aquellas que dependen de recursos ilimitados. Practicar la simplicidad es también un acto de rebelión contra la cultura de la velocidad y el ruido, eligiendo deliberadamente un ritmo más lento y una voz más baja.

La simplicidad en las emociones implica dejar ir el drama innecesario, enfocándose en respuestas más medidas y maduras frente a los desafíos de la vida. En la simplicidad, encontramos una invitación a la introspección, un espacio para explorar quiénes somos en la ausencia de las distracciones que a menudo nos definen. La simplicidad no es solo un método, sino una meditación; en cada acto de simplificación, hay una oportunidad para profundizar en nuestra comprensión de la vida. Practicar la simplicidad en las rutinas diarias transforma los actos mundanos en rituales significativos, cada uno realizado con atención plena y cuidado. La simplicidad nos enseña a valorar la durabilidad sobre la novedad, eligiendo objetos y relaciones que perdurarán y se enriquecerán con el tiempo. En la música, la simplicidad puede ser más resonante que la complejidad, con un solo instrumento o una melodía simple que toca el corazón más profundamente que una orquesta entera.

La simplicidad nos anima a encontrar soluciones en lugar de complicaciones, a ver el camino más directo y sencillo como el más elegante. En la educación, la simplicidad ayuda a destilar la información compleja a su esencia, facilitando el aprendizaje y la retención a largo plazo. Practicar la simplicidad es comprometerse con un consumo consciente, eligiendo lo que realmente necesitamos y encontrando satisfacción en la moderación. La simplicidad en la comunicación fomenta la claridad y la eficacia; es elegir palabras que precisen menos, pero comuniquen más. En la arquitectura de nuestras vidas, la simplicidad nos ayuda a construir una estructura que soporte nuestros valores más queridos y sostenga nuestras prácticas más saludables.

La simplicidad en el amor es ser directo y honesto, dejando de lado los juegos y las expectativas para cultivar una relación basada en la autenticidad y la mutualidad. Practicar la simplicidad es aceptar que en la limitación a menudo encontramos nuestra mayor libertad, liberándonos de la parálisis de la elección infinita. La simplicidad nos enseña la belleza de lo mínimo, donde cada elemento sirve un propósito vital y nada es superfluo o sin significado. En la simplicidad, cada acción se convierte en un acto de conciencia, donde la atención plena eleva lo rutinario a lo ritual. Practicar la simplicidad es reconocer que en el silencio se encuentran respuestas que el ruido del exceso a menudo ahoga. La simplicidad en el estilo de vida promueve un entorno más tranquilo y ordenado, lo cual refleja y sustenta un estado mental claro y centrado.

En la nutrición, la simplicidad favorece ingredientes naturales y menos procesados, lo cual no solo nutre el cuerpo, sino que también honra la tierra que los produce. La simplicidad nos impulsa a despojarnos de pretensiones, a vivir con genuinidad y a interactuar con otros con una honestidad refrescante y liberadora. Practicar la simplicidad en las tecnologías y herramientas que utilizamos nos permite centrarnos en aquellas que realmente mejoran nuestra eficacia y bienestar. La simplicidad fomenta una economía de recursos, donde el menor consumo se transforma en un impacto más positivo en nuestro entorno y en nuestra conciencia ecológica.

En las artes, la simplicidad puede ser la clave para transmitir mensajes poderosos a través de medios sencillos, demostrando que menos puede ser más en la expresión creativa. La simplicidad en el pensamiento nos libera de la confusión, permitiéndonos ver con claridad los principios subyacentes que guían nuestras decisiones y acciones. Practicar la simplicidad es hacer espacio para el crecimiento, no llenando cada vacío con distracciones, sino permitiendo que cada vacío sea una oportunidad para algo nuevo y significativo. La simplicidad en la planificación y los objetivos nos permite perseguir nuestras ambiciones con un enfoque láser, evitando la dispersión de energías y el desgaste de recursos. En la simplicidad, encontramos un ritmo de vida que no está apresurado ni forzado, sino que fluye naturalmente, alineado con nuestros impulsos y necesidades más auténticos. La simplicidad nos enseña a apreciar lo ordinario, encontrando lo extraordinario en el día a día, y descubriendo profundidad y riqueza en las experiencias más comunes.

Practicar la simplicidad es volver a conectarnos con la naturaleza, encontrando placer en lo básico y lo durable, lo cual a menudo ofrece más satisfacción que lo elaborado y lo efímero. La simplicidad en nuestras expectativas puede llevar a una mayor satisfacción, ya que ajustamos nuestras ambiciones a lo que es realista y verdaderamente deseable. En la simplicidad, cada momento se vive plenamente, sin la distracción de lo innecesario, permitiendo una presencia completa y una participación genuina en la vida. La simplicidad nos reta a desafiar la cultura del exceso, a cuestionar nuestras necesidades y deseos, y a distinguir entre lo que es esencial y lo que es superfluo. Practicar la simplicidad es adoptar la filosofía de que la verdadera felicidad no se encuentra en la acumulación, sino en la apreciación de lo que ya existe.

La simplicidad en el vestuario no solo refleja una elección estética, sino una declaración de principios, mostrando un compromiso con valores como la sostenibilidad y la autenticidad. La simplicidad en la gestión del tiempo es liberadora; al priorizar y eliminar lo innecesario, descubrimos más horas para dedicar a lo que verdaderamente valoramos. Practicar la simplicidad es reconocer que cada pequeña posesión carga peso, no solo físico sino también mental, y elegir llevar solo lo que necesitamos realmente. La simplicidad nos enseña el valor de la paciencia, permitiéndonos esperar por lo correcto en lugar de conformarnos con lo conveniente. En la simplicidad, cada decisión se toma con consideración y cuidado, evitando la impulsividad y fomentando un enfoque reflexivo hacia la vida.

La simplicidad en las relaciones implica eliminar las complicaciones innecesarias y las expectativas poco realistas, lo que conduce a interacciones más auténticas y significativas. Practicar la simplicidad en la alimentación no solo mejora la salud física, sino que también clarifica la mente y fortalece el espíritu. La simplicidad en el hogar crea un santuario de calma y orden, un espacio donde cada elemento tiene un propósito y cada rincón refleja la paz. En la simplicidad, encontramos la libertad de ser nosotros mismos, liberados de las máscaras y los roles que a menudo nos impone la sociedad compleja y exigente. La simplicidad nos ayuda a centrarnos en el presente, enseñándonos a vivir plenamente cada momento sin la distracción de lo que podría haber sido o lo que todavía podría ser.

Practicar la simplicidad es cultivar un enfoque minimalista hacia la tecnología, utilizando herramientas que mejoran la vida sin dejar que dominen nuestra atención o nuestro tiempo. La simplicidad en la creatividad permite que las ideas fluyan sin obstrucciones, facilitando la innovación y la expresión genuina a través de medios más directos y efectivos. En la simplicidad, la naturaleza se convierte en un maestro poderoso, mostrándonos cómo vivir en armonía con los ritmos del mundo y respetar los ciclos de la vida. La simplicidad nos impulsa a preguntarnos por qué poseemos lo que poseemos y por qué hacemos lo que hacemos, llevándonos a cuestionar y, a menudo, a cambiar nuestras prioridades. Practicar la simplicidad es también un ejercicio de desapego, aprendiendo a dejar ir no solo objetos físicos, sino también viejas ideas y comportamientos que ya no nos sirven.

La simplicidad en el aprendizaje se enfoca en los fundamentos, permitiendo una comprensión profunda antes de avanzar a conceptos más complejos. En la simplicidad, descubrimos el poder de una sola palabra, un solo gesto, un solo pensamiento, cada uno capaz de cambiar nuestro enfoque y, potencialmente, nuestra vida. La simplicidad nos desafía a encontrar el equilibrio entre hacer y ser, permitiéndonos no solo alcanzar nuestros objetivos, sino también apreciar el camino hacia ellos. Practicar la simplicidad es adoptar una ética de cuidado, cuidando no solo de nosotros mismos y de nuestros seres queridos, sino también del mundo que compartimos.

La simplicidad fomenta una perspectiva de gratitud, donde agradecemos lo que tenemos en lugar de anhelar constantemente más o diferente. En la simplicidad, cada tarea, cada objeto, cada pensamiento se vuelve intencional, eliminando el ruido de fondo que a menudo llena nuestras vidas sin enriquecerlas. La simplicidad enseña la elegancia de lo esencial, mostrando cómo una vida despojada de excesos puede revelar una belleza y una claridad inesperadas. Practicar la simplicidad es reconocer que el verdadero contentamiento proviene de comprender y valorar lo que ya poseemos, más que de adquirir nuevos objetos o experiencias. La simplicidad en el liderazgo se manifiesta en la claridad de la visión y la economía de las palabras, inspirando a otros con la fuerza de la autenticidad y la sinceridad. En la simplicidad, encontramos un retorno a las prácticas sostenibles, donde cada elección se hace con consideración por su impacto ambiental y social a largo plazo.

Practicar la simplicidad en nuestras carreras significa enfocarse en lo que verdaderamente nos apasiona, en lugar de dispersar nuestras energías en múltiples direcciones que diluyen nuestro potencial. La simplicidad en la comunicación efectiva es directa y sin adornos, permitiendo que el mensaje verdadero brille sin la distracción de florituras innecesarias. En la simplicidad, cada decisión de compra es meditada, con un enfoque en la calidad y la durabilidad, eligiendo productos que perduren y que realmente necesitamos. Practicar la simplicidad es también practicar la paz; reduce el ruido interno y externo, creando un entorno más tranquilo que promueve la serenidad.

La simplicidad nos invita a reducir nuestro ritmo, a caminar más lentamente, a comer más despacio, y a respirar más profundamente, reconectándonos con el ritmo natural de la vida. En la simplicidad, aprendemos a soltar no solo lo material, sino también las expectativas y los prejuicios que a menudo nos impiden ver y aceptar a los demás tal como son. La simplicidad en el diseño no solo se aplica a los objetos que usamos, sino también a los sistemas y procesos en los que participamos, buscando siempre la eficiencia sin complicación. Practicar la simplicidad es entender que el tiempo es nuestro recurso más valioso, y que gestionarlo sabiamente es fundamental para vivir una vida plena y consciente. La simplicidad en el arte de vivir es un recordatorio constante de que menos, es más, y que en la restricción voluntaria a menudo encontramos una libertad inesperada. En la simplicidad, descubrimos el valor de una sola flor, un solo libro, una sola amistad, apreciando profundamente lo que elegimos mantener cerca.

La simplicidad nos enseña a desconfiar de la multiplicidad que no añade valor, a cuestionar la acumulación que solo sirve para llenar vacíos temporales y superficiales. Practicar la simplicidad es adoptar un enfoque de vida que prioriza el ser sobre el tener, valorando las experiencias y relaciones por encima de los bienes materiales. La simplicidad en la planificación nos permite ver con claridad nuestros objetivos más verdaderos, eliminando las distracciones que nos desvían del camino hacia nuestros sueños más auténticos. En la simplicidad, cada elección se vuelve significativa; las decisiones diarias reflejan nuestros valores más profundos, y cada acción es un voto a favor del tipo de vida que deseamos vivir.

Practicar la simplicidad es comprometerse con una existencia consciente, donde cada momento es vivido plenamente y cada pequeña alegría se celebra. La simplicidad no es solo una elección de estilo de vida, sino una filosofía profunda que cuestiona constantemente lo esencial versus lo superfluo, guiándonos hacia una mayor integridad y propósito. La simplicidad fomenta una mayor conexión con nuestro entorno, alentándonos a interactuar más profundamente con la naturaleza y menos con la tecnología digital. Practicar la simplicidad es cultivar un espacio mental donde la claridad y la calma permiten que las soluciones creativas y efectivas surjan naturalmente. La simplicidad en la alimentación nos enseña a disfrutar de los sabores naturales, redescubriendo el gusto por alimentos menos procesados y más nutritivos.

En la simplicidad, cada objeto que elegimos conservar en nuestra vida tiene un propósito y una belleza, evitando así el desorden que puede ahogar el espíritu. Practicar la simplicidad en nuestras metas y ambiciones puede llevar a una vida más enfocada y satisfactoria, donde la calidad de los logros supera la cantidad. La simplicidad en las interacciones sociales puede eliminar malentendidos y conflictos, ya que una comunicación clara y directa establece expectativas realistas y comprensión mutua. En la simplicidad, encontramos la capacidad de disfrutar del silencio, del espacio vacío que permite a la mente descansar y rejuvenecer.

La simplicidad nos desafía a reconsiderar nuestras necesidades versus nuestros deseos, llevándonos a tomar decisiones más conscientes y sostenibles. Practicar la simplicidad es reconocer que el verdadero lujo puede estar en la falta de complicaciones, en la serenidad de una vida sin estrés innecesario. En la simplicidad, podemos apreciar la belleza de lo imperfecto, del arte de lo wabi-sabi, donde lo incompleto y lo efímero tienen su propio valor estético y espiritual. La simplicidad en la rutina diaria nos libera de la tiranía del multitasking, permitiéndonos concentrarnos en una tarea a la vez con total presencia. Practicar la simplicidad puede significar un enfoque minimalista en la moda, donde menos prendas, pero más versátiles y de mayor calidad dominan el armario. La simplicidad en el hogar no solo es estética, sino también funcional, creando un entorno que apoya nuestro bienestar y reduce el estrés. En la simplicidad, cada momento tiene la oportunidad de ser valorado plenamente, cada pequeña experiencia se convierte en un recuerdo preciado. La simplicidad nos invita a desacelerar, a cuestionar el ritmo frenético impuesto por la sociedad moderna y a encontrar un ritmo que resuene con nuestro verdadero ser.

Practicar la simplicidad en el trabajo puede llevar a una mayor eficiencia y satisfacción, al eliminar tareas redundantes y concentrarse en lo que realmente importa. La simplicidad en la educación puede enseñar a los niños el valor de lo básico, fomentando la creatividad y el pensamiento crítico por encima de la acumulación de hechos. En la simplicidad, aprendemos a valorar el proceso tanto como el resultado, disfrutando del viaje de crecimiento y descubrimiento tanto como de la meta final. La simplicidad puede transformar nuestras celebraciones y eventos, centrándolos en las personas y las experiencias compartidas en lugar de en el exceso y la ostentación. Practicar la simplicidad es un camino hacia la autenticidad, donde la eliminación de lo superfluo permite que nuestra verdadera esencia brille con fuerza y claridad.

CONCLUSIÓN: UN NUEVO COMIENZO CON EL ESTOICISMO

Cada nuevo amanecer es una invitación a renovar nuestro compromiso con la virtud, a refrescar el espíritu con la luz de la razón y la sabiduría estoica. Un nuevo comienzo con el estoicismo es como abrir una puerta hacia un jardín tranquilo, donde cada paso es una oportunidad para cultivar la serenidad y el autocontrol. El estoicismo nos enseña que cada final es solo el preludio de un nuevo comienzo, donde las lecciones del pasado se convierten en los cimientos del futuro. Empezar de nuevo con el estoicismo es liberarse de las cadenas del deseo y del miedo, encontrando libertad en la aceptación y la fortaleza en la disciplina.

Cada momento de crisis es, bajo la luz del estoicismo, una prueba de nuestro carácter, una oportunidad para demostrar que podemos ser rocas en medio de la tormenta. Con el estoicismo, cada nueva jornada se convierte en un ejercicio de reflexión y conciencia, una práctica de vivir deliberadamente dentro de los límites de la naturaleza. Un nuevo comienzo estoico es un reencuentro con nuestra esencia más auténtica, un recordatorio de que lo esencial es invisible a los ojos y solo se percibe con el corazón. El estoicismo nos invita a limpiar el espejo de nuestra alma al inicio de cada día, asegurando que nuestras percepciones estén claras y libres de distorsiones. Empezar con el estoicismo es reconocer que cada pequeña elección es un reflejo de nuestras más grandes filosofías, y que cada acción debe resonar con nuestra búsqueda de la virtud. La renovación estoica no es olvidar el pasado, sino aprender de él, permitiendo que cada experiencia enriquezca nuestro entendimiento y profundice nuestra compasión. Un nuevo comienzo con el estoicismo es una oportunidad para fortalecer la voluntad, para templar el espíritu en las aguas frías de la autodisciplina y la autoevaluación.

Con el estoicismo, cada nuevo proyecto o desafío es un lienzo en blanco para la práctica de la paciencia, la perseverancia y la prudencia. Empezar de nuevo es ver cada obstáculo como un maestro, cada dificultad como un curso intensivo en la universidad de la vida, dictado por la naturaleza misma. El estoicismo nos equipa para enfrentar cada nuevo día con una armadura hecha de tranquilidad y un escudo forjado en la certeza de nuestro propósito. Un nuevo comienzo con el estoicismo es recordar que estamos aquí para ayudar a otros, que nuestra propia luz brilla más cuando ilumina el camino para alguien más.

Con el estoicismo, aprendemos que la renovación constante es natural; como la serpiente que muda su piel, debemos desprendernos de lo viejo para crecer y evolucionar. Cada nueva etapa en la vida vista a través del estoicismo es una invitación a reexaminar nuestros valores y a reafirmar o ajustar nuestro curso hacia la virtud. Empezar con el estoicismo es aceptar que la verdadera sabiduría viene del reconocimiento de nuestra ignorancia, y cada día ofrece un nuevo terreno para el descubrimiento.

Un nuevo comienzo con el estoicismo nos anima a construir puentes sobre los ríos del miedo y la duda, utilizando las robustas maderas de la razón y la experiencia. Con el estoicismo, cada despedida es también un saludo; en cada conclusión, encontramos las semillas de nuevos inicios, plantadas en los suelos fértiles de la aceptación. En el renacimiento estoico, cada pensamiento y cada acción se destilan a su forma más pura, liberados del exceso que nubla la mente y desvía el espíritu.

Con el estoicismo, enfrentamos cada nuevo capítulo con una mente equilibrada; ni excesivamente entusiasmados por la euforia, ni desalentados por la desesperación. Empezar de nuevo bajo la guía del estoicismo es como caminar a través de un antiguo bosque, donde cada árbol representa una lección de resistencia y adaptación. El estoicismo nos enseña que en la aceptación de nuestras limitaciones se encuentran nuestras más grandes oportunidades de crecimiento y renovación. Un nuevo comienzo con el estoicismo no se trata de cambiar quiénes somos, sino de revelar nuestra verdadera naturaleza, despojada de las ilusiones que nos confunden.

Con cada amanecer, el estoicismo nos invita a reflexionar sobre nuestros actos, asegurándonos de que nuestras acciones del día reflejen nuestras más altas aspiraciones. En la quietud del estoicismo, cada nuevo comienzo es una oportunidad para profundizar nuestro entendimiento de la vida, extrayendo claridad de la contemplación tranquila. Renovarse con el estoicismo es reconocer que cada momento de vida es un regalo precioso, un lienzo en blanco listo para ser pintado con los colores de la virtud. El estoicismo nos anima a comenzar cada día con un compromiso renovado hacia la moderación, cultivando la fuerza para resistir los extremos de la pasión y el miedo. Un nuevo comienzo con el estoicismo es una celebración de la persistencia; es el arte de mantener el rumbo, incluso cuando las aguas se tornan turbulentas.

Con el estoicismo, cada nueva interacción es una oportunidad para practicar la empatía y la paciencia, fortaleciendo nuestras relaciones y nuestro carácter. Empezar de nuevo es aprender a soltar, a liberarnos de los errores del pasado con la sabiduría de que cada día ofrece una nueva posibilidad de hacerlo mejor. El estoicismo nos invita a limpiar nuestra mente de prejuicios y a llenar nuestro corazón de coraje, preparándonos para enfrentar cada nuevo desafío con equilibrio y gracia. En el camino del estoicismo, cada nuevo comienzo es una prueba de nuestra capacidad para ver la vida no como un conjunto de obstáculos, sino como un mosaico de oportunidades para el bien.

Renovarse con el estoicismo es también un acto de coraje, el valor de enfrentar nuestras verdades más profundas y de vivir de acuerdo con ellas en cada momento. Con el estoicismo, cada decisión se toma no solo con la mente, sino con el alma, buscando siempre la armonía entre nuestras acciones y nuestros principios morales. Empezar de nuevo con el estoicismo significa adoptar la simplicidad, encontrando el valor en lo mínimo y aprendiendo a apreciar la abundancia en la restricción. El estoicismo nos equipa para aceptar cada nuevo día con gratitud, reconociendo que incluso los desafíos más difíciles son regalos que nos ofrecen la oportunidad de crecer. Un nuevo comienzo con el estoicismo es como el renacer de las cenizas; una transformación que nos purifica de las antiguas heridas y nos fortalece para los vuelos futuros. Con el estoicismo, la renovación constante se convierte en un estilo de vida, donde el cambio y el crecimiento son abrazados como compañeros constantes en el viaje hacia la sabiduría.

La esencia del nuevo comienzo estoico radica en el reconocimiento de que cada experiencia, buena o mala, es una lección vital en nuestro eterno curso de automejora. Con el estoicismo, aprendemos a enfrentar cada nuevo día no como una serie de tareas o desafíos, sino como una continua oportunidad de vivir con integridad y propósito. Empezar de nuevo con el estoicismo es volver a las raíces de nuestra existencia, buscando en nuestra conducta diaria la serenidad que viene de vivir en armonía con la naturaleza. El estoicismo nos muestra que en la simplicidad de un nuevo comienzo se halla la profundidad del universo; cada pequeño acto refleja el orden cósmico.

Un nuevo comienzo con el estoicismo es una invitación a redefinir lo que significa el éxito; no como la acumulación de logros, sino como la realización de vivir virtuosamente. Con cada amanecer, el estoicismo nos anima a limpiar nuestra percepción, a ver cada nuevo día como una oportunidad única para la reflexión y la acción consciente. Empezar de nuevo con el estoicismo significa despojarse del pasado, no con resentimiento o arrepentimiento, sino con la aceptación de que cada paso anterior fue necesario para el presente. El estoicismo nos alienta a cultivar la resiliencia como un jardín, donde cada nuevo brote de fortaleza surge de las semillas de los desafíos pasados. En el renacer estoico, cada acción, cada palabra y cada pensamiento están imbuidos de un propósito mayor, cada uno alineado con un compromiso de vivir sabiamente y bien. Un nuevo comienzo con el estoicismo es desplegar las velas de nuestra alma, listos para navegar las aguas de la vida con la guía de las estrellas de nuestros principios estoicos.

Con el estoicismo, cada decisión se convierte en una piedra en el edificio de nuestra vida, colocada con cuidado y deliberación, cada una esencial para la integridad de la estructura. Empezar de nuevo con el estoicismo nos invita a ser arquitectos de nuestro destino, diseñando una vida que no solo resista las tormentas, sino que también celebre la luz del sol. El estoicismo nos enseña que la verdadera liberación comienza con el dominio de uno mismo; un nuevo comienzo es una oportunidad para ejercer este control con renovada dedicación. Con cada nuevo comienzo, el estoicismo nos desafía a examinar nuestras motivaciones, a purificar nuestras intenciones y a actuar con una claridad moral inquebrantable.

En la práctica estoica, cada nuevo comienzo es una página en blanco en el diario de nuestra vida, esperando ser escrita con las historias de nuestras elecciones y experiencias. Un nuevo comienzo con el estoicismo es reconocer la impermanencia de todas las cosas; es aprender a valorar cada momento, sabiendo que cada uno es efímero y precioso. Con el estoicismo, enfrentamos cada nueva oportunidad no con temor o deseo, sino con equilíbrio, entendiendo que lo que realmente importa es cómo respondemos a lo que la vida nos presenta. Empezar de nuevo con el estoicismo es un acto de fe en uno mismo y en el proceso de la vida; es un compromiso de seguir adelante, no importa cuán difíciles parezcan las circunstancias. El estoicismo nos equipa para cada nuevo comienzo con la herramienta de la perspectiva; nos enseña a ver más allá de las dificultades momentáneas hacia el panorama más amplio de nuestra existencia.

Practicar el estoicismo al iniciar cada nuevo capítulo es abrazar la aceptación; es saber que, aunque no podemos controlar cada aspecto de nuestras vidas, podemos controlar cómo reaccionamos a ellos. Un nuevo comienzo con el estoicismo nos anima a reconocer que cada experiencia es un maestro, y cada dificultad, un curriculum oculto en la escuela de la vida. Con el estoicismo, la renovación personal se convierte en un proceso continuo, donde el crecimiento espiritual y emocional se fomenta a través de la introspección y la acción consciente. Empezar de nuevo con el estoicismo es cultivar la fortaleza no solo para enfrentar lo que viene, sino también para cambiar de dirección cuando la razón y la virtud lo dictan.

El estoicismo nos enseña que en cada final hay un principio latente; cada conclusión en nuestras vidas es simplemente la semilla de un nuevo despertar. Un nuevo comienzo con el estoicismo es una invitación a vivir con propósito, a hacer cada día cuenta en la búsqueda de una vida plena y significativa. Con el estoicismo, cada obstáculo se transforma en una oportunidad, cada desafío en un llamado a ejercitar nuestras virtudes más profundas. Empezar de nuevo con el estoicismo es aprender a ver la belleza en la repetición y la rutina, encontrando profundidad y riqueza en los patrones de la vida cotidiana. El estoicismo nos impulsa a mantener nuestro centro incluso en el cambio, a permanecer firmes en nuestros valores mientras navegamos por las aguas de la incertidumbre. Con cada nuevo comienzo, el estoicismo nos desafía a liberarnos de los prejuicios del pasado, a abrazar el presente con una mente fresca y un corazón dispuesto.

Empezar de nuevo con el estoicismo es honrar la constancia y la perseverancia, valores que se convierten en nuestros compañeros más fieles en el viaje hacia la automejora. Un nuevo comienzo con el estoicismo no ignora las heridas del pasado, sino que las utiliza como fuente de fuerza y sabiduría para los desafíos futuros. Con el estoicismo, aprendemos a balancear la esperanza con la aceptación, la ambición con la moderación, y el cambio con la continuidad. Empezar de nuevo con el estoicismo es recordar que cada día es un microcosmos de la vida misma, lleno de posibilidades para practicar la paciencia, la gratitud y el coraje.

El estoicismo nos enseña que renovarse es tan natural como respirar; con cada inhalación aceptamos el nuevo, y con cada exhalación liberamos lo viejo. Un nuevo comienzo con el estoicismo es una práctica de equilibrio, donde buscamos la armonía entre lo que el mundo necesita de nosotros y lo que nosotros necesitamos del mundo. Con el estoicismo, cada nueva iniciativa o proyecto se aborda con una mente clara y un corazón tranquilo, preparados para enfrentar tanto el éxito como el fracaso con gracia. Empezar de nuevo con el estoicismo es aceptar que, aunque el entorno cambie, nuestra capacidad de responder con virtud y dignidad permanece constante. El estoicismo nos alienta a abrazar cada nuevo comienzo con curiosidad y apertura, dispuestos a aprender tanto de nuestras victorias como de nuestras derrotas.

Con cada nuevo comienzo, el estoicismo nos invita a revisar nuestras convicciones, a asegurarnos de que cada creencia que sostenemos sea sólida y verdadera. Empezar de nuevo con el estoicismo es un acto de fe en nuestras propias capacidades, un compromiso de seguir adelante a pesar de las dificultades, armados con la sabiduría de la experiencia. Un nuevo comienzo con el estoicismo nos enseña a valorar la constante evolución de nuestro carácter, viendo cada día como una nueva página en el libro de nuestra vida ética. Con el estoicismo, nos comprometemos a vivir con autenticidad, asegurándonos de que cada renacimiento personal esté alineado con nuestra búsqueda de la verdad y la rectitud.

Empezar de nuevo con el estoicismo es abrazar la paradoja de controlar lo que podemos mientras aceptamos lo que no podemos, encontrando libertad en la aceptación y fuerza en la acción. El estoicismo nos invita a enfrentar cada nuevo capítulo con un enfoque en lo que perdura: nuestras virtudes, nuestras decisiones éticas y nuestro compromiso con el bien común. Con cada nuevo comienzo, el estoicismo nos desafía a ser dueños de nuestros propios destinos, a través del dominio de nuestras reacciones y emociones. Empezar de nuevo con el estoicismo es reconocer que cada desafío es una invitación a fortalecer nuestra resiliencia, a templar nuestro espíritu en el fuego de las pruebas. Un nuevo comienzo con el estoicismo es una oportunidad para reevaluar nuestras prioridades, asegurándonos de que nuestras acciones reflejen nuestros valores más profundos. Con el estoicismo, cada paso adelante es meditado y considerado, guiado por la sabiduría que solo la reflexión serena y continua puede proporcionar.

Empezar de nuevo con el estoicismo es comprender que la simplicidad en nuestros pensamientos y acciones conduce a una vida más plena y menos complicada. El estoicismo nos enseña a ver cada nuevo comienzo como una oportunidad para practicar la generosidad y la compasión, extendiendo la mano a otros mientras avanzamos. Con cada nuevo comienzo, el estoicismo nos recuerda mantenernos fieles a nosotros mismos, resistiendo las corrientes de conformidad y superficialidad. Empezar de nuevo con el estoicismo es cultivar una paciencia profunda, entendiendo que el crecimiento verdadero y significativo requiere tiempo y persistencia.

Un nuevo comienzo con el estoicismo es como el amanecer que rompe tras la noche más oscura, prometiendo luz a pesar de la oscuridad previa. Con el estoicismo, nos preparamos para cada nueva etapa de la vida con un corazón valiente y una mente clara, sabiendo que cada desafío es superable. Empezar de nuevo con el estoicismo es reafirmar nuestra capacidad para adaptarnos y cambiar, reconociendo que la flexibilidad es un componente clave de la fortaleza. El estoicismo nos impulsa a abordar cada nuevo comienzo con la mente abierta y el espíritu dispuesto, listos para aprender y crecer sin prejuicios. Con cada nuevo comienzo, el estoicismo fortalece nuestra capacidad de discernimiento, ayudándonos a tomar decisiones más sabias y consideradas.

Empezar de nuevo con el estoicismo es recordar que nuestra actitud ante la vida puede ser nuestro recurso más poderoso, moldeando nuestras experiencias y resultados. Un nuevo comienzo con el estoicismo nos enseña a equilibrar la confianza en nosotros mismos con la humildad, reconociendo que siempre hay más que aprender y más espacio para crecer. Con el estoicismo, cada nueva oportunidad es vista como un campo de prueba para nuestras convicciones y nuestra voluntad de vivir de manera virtuosa y significativa. La práctica del estoicismo al enfrentar nuevos comienzos nos anima a mantener la calma interior, incluso cuando el mundo exterior parece estar en constante cambio y turbulencia.

Con cada renacimiento personal que el estoicismo nos permite, aprendemos que la verdadera transformación comienza en el dominio de nuestros pensamientos y emociones. Empezar de nuevo con el estoicismo implica una dedicación renovada a vivir conscientemente, eligiendo acciones que no solo nos benefician a nosotros, sino también a los que nos rodean. El estoicismo nos enseña que en cada nuevo comienzo reside la posibilidad de redefinir nuestra relación con el sufrimiento, aprendiendo a verlo como una oportunidad para el fortalecimiento personal. Con el estoicismo, cada experiencia, por repetitiva que parezca, se enfrenta con un fresco vigor, recordándonos que siempre hay nuevas lecciones que aprender, incluso en las circunstancias más familiares. Empezar de nuevo con el estoicismo nos invita a reexaminar nuestras respuestas automáticas a la vida y a cultivar respuestas más meditadas, más alineadas con nuestros valores fundamentales. Un nuevo comienzo con el estoicismo es una oportunidad para liberarnos de los hábitos antiguos que ya no nos sirven y abrazar nuevas prácticas que refuercen nuestra resiliencia y claridad.

Con cada nuevo comienzo, el estoicismo nos desafía a mantenernos éticos en nuestras interacciones, recordándonos que cómo tratamos a los demás es un reflejo directo de nuestro carácter. Empezar de nuevo con el estoicismo nos muestra que cada momento es una cruzada hacia la automejora, donde la perseverancia y la paciencia son nuestras mayores aliadas. El estoicismo en nuevos comienzos nos enseña a enfrentar el futuro con una mezcla de pragmatismo y esperanza, equilibrando la preparación con la apertura a lo inesperado.

Con el estoicismo, aprendemos que renovarnos constantemente es esencial para mantener nuestro crecimiento personal y espiritual, evitando el estancamiento y la complacencia. Empezar de nuevo con el estoicismo significa adoptar una postura de curiosidad y asombro, explorando nuevas oportunidades con el entusiasmo de un aprendiz perpetuo. Un nuevo comienzo con el estoicismo es abrazar la idea de que cada día es una oportunidad única para vivir de acuerdo con nuestros principios, sin importar los desafíos que enfrentemos. Con cada nuevo comienzo, el estoicismo nos impulsa a examinar y fortalecer nuestras convicciones, asegurándonos de que nuestras creencias soporten la prueba del tiempo y de las tribulaciones. Empezar de nuevo con el estoicismo es reconocer que la integridad y la honestidad deben ser los pilares de todas nuestras acciones, sin importar cuán pequeñas o grandes sean estas. El estoicismo nos enseña que con cada nuevo comienzo viene la responsabilidad de ser mejores guardianes de nosotros mismos y del mundo que nos rodea, actuando con conciencia y cuidado.

Un nuevo comienzo con el estoicismo es una invitación a despejar nuestra mente de preconcepciones, permitiéndonos ver y experimentar el mundo de maneras que previamente podrían haber estado ocultas por nuestras propias narrativas. Con el estoicismo, cada nueva fase de la vida se aborda no solo con determinación, sino también con un sentido de serenidad, sabiendo que lo que está bajo nuestro control es suficiente para hacer una diferencia. Empezar de nuevo con el estoicismo nos alienta a ser valientes en nuestra vulnerabilidad, a reconocer nuestras fallas y trabajar hacia su superación con dignidad y fuerza.

Con cada nuevo comienzo, el estoicismo nos reta a ser más compasivos, más considerados y conectados con los demás, reconociendo que nuestra humanidad compartida es más fuerte que las circunstancias que nos separan. Un nuevo comienzo con el estoicismo nos enseña a enfrentar cada día con un corazón dispuesto a aprender y una mente abierta a entender, siempre buscando la sabiduría en lo cotidiano. Con el estoicismo, entendemos que renovarnos no significa descartar todo lo antiguo, sino discernir qué es lo que verdaderamente aporta valor y qué necesita ser dejado atrás. Empezar de nuevo con el estoicismo es recordar que cada adversidad enfrentada con fortaleza y gracia se convierte en un testimonio de nuestra resiliencia y capacidad para evolucionar. El estoicismo nos muestra que en la repetición de nuestros días se esconden innumerables oportunidades para practicar la paciencia, la templanza y la justicia, cada una vital para nuestro crecimiento espiritual. Con cada nuevo comienzo, el estoicismo nos invita a revisar nuestra vida con una mirada fresca, libre de las sombras del pasado, permitiéndonos actuar con claridad y propósito.

Empezar de nuevo con el estoicismo es una oportunidad para fortalecer nuestras conexiones con los demás, comprendiendo que la verdadera comunidad se construye sobre los pilares de la empatía y el respeto mutuo. Un nuevo comienzo con el estoicismo nos alienta a mantener la calma ante la incertidumbre, a encontrar la tranquilidad en nuestra propia capacidad de enfrentar y superar lo desconocido. Con el estoicismo, cada decisión y cada paso adelante se convierte en una expresión de nuestra filosofía de vida, un reflejo de nuestro compromiso continuo con la virtud y el bienestar común.

Empezar de nuevo con el estoicismo significa aceptar la imperfección del mundo y de nosotros mismos, trabajando pacientemente hacia la mejora sin exigir la perfección. El estoicismo nos enseña que cada nuevo comienzo es un recordatorio de nuestra impermanencia y que en esta aceptación yace la clave para vivir plenamente y sin miedo. Con cada renovación, el estoicismo nos desafía a liderar con el ejemplo, a ser faros de integridad y fuerza para quienes nos rodean, especialmente en tiempos de cambio y transición. Empezar de nuevo con el estoicismo es aprender a valorar el proceso tanto como el resultado, encontrando satisfacción en el esfuerzo y en la dedicación a la mejora continua. Un nuevo comienzo con el estoicismo es una invitación a simplificar nuestra vida, eliminando lo superfluo para concentrarnos en lo que realmente enriquece nuestro espíritu y nutre nuestra existencia.

Con el estoicismo, abrazamos cada nueva oportunidad como una chance para demostrar nuestra capacidad de ser equilibrados y justos, sin importar las pruebas que enfrentemos. Empezar de nuevo con el estoicismo es reconocer que cada día nos ofrece la posibilidad de ser mejores, de trascender nuestras fallas anteriores y de construir un legado de virtud. El estoicismo nos impulsa a abordar cada nueva etapa con una mezcla de humildad y confianza, sabiendo que tenemos mucho que aprender, pero también mucho que ofrecer.

Con cada nuevo comienzo, el estoicismo nos recuerda la importancia de la autenticidad, de vivir de manera que nuestras acciones y nuestras palabras estén siempre en armonía. Empezar de nuevo con el estoicismo es dar cada paso con deliberación y cuidado, entendiendo que la calidad de nuestros momentos determina la calidad de nuestra vida. Un nuevo comienzo con el estoicismo nos enseña a ser pacientes con nosotros mismos y con los demás, recordando que el cambio es un proceso, no un evento instantáneo. Con el estoicismo, cada desafío que la vida nos presenta es visto no solo como un obstáculo, sino como una invitación a profundizar nuestro entendimiento y a fortalecer nuestra voluntad. Un nuevo comienzo con el estoicismo es una oportunidad para reafirmar nuestra dedicación a vivir con propósito, centrando cada acción en lo que verdaderamente importa y desechando lo trivial. Con el estoicismo, cada momento de renacimiento personal nos recuerda que nuestro control más efectivo es sobre nuestra mente y nuestras actitudes, más que sobre las circunstancias externas.

Empezar de nuevo con el estoicismo nos invita a ver cada día como una oportunidad para practicar la gratitud, reconociendo las pequeñas bendiciones que a menudo pasan desapercibidas en la rutina diaria. Un nuevo comienzo con el estoicismo es valorar la serenidad como un tesoro, buscando mantener la paz interna incluso cuando el exterior se encuentra en tumulto. Con el estoicismo, enfrentamos la renovación de nuestras vidas como un desafío para mantener nuestra integridad, asegurándonos de que nuestras decisiones reflejen nuestra filosofía y nuestros valores más profundos.

Empezar de nuevo con el estoicismo nos enseña a abrazar el cambio no solo como una necesidad, sino como una bienvenida expresión de la dinámica natural de la vida. Un nuevo comienzo con el estoicismo fortalece nuestra resolución de enfrentar lo desconocido con coraje, preparados para adaptarnos y crecer a través de cualquier experiencia que la vida nos ofrezca. Con el estoicismo, cada nueva aventura es una prueba de nuestro carácter, un laboratorio para experimentar con nuestras teorías sobre la vida y ajustar nuestra conducta en consecuencia. Empezar de nuevo con el estoicismo implica adoptar una perspectiva de largo plazo, evaluando nuestros éxitos y fracasos no por su impacto inmediato, sino por cómo nos forman a lo largo del tiempo. Un nuevo comienzo con el estoicismo nos alienta a ser moderados en nuestras emociones, buscando siempre la respuesta más equilibrada y proporcional a cada situación. Con el estoicismo, aprendemos que reiniciar nuestras vidas no es un signo de fracaso, sino una valiente afirmación de nuestra capacidad para perseverar y evolucionar continuamente.

Empezar de nuevo con el estoicismo nos invita a cultivar la autocompasión, reconociendo nuestras fallas y debilidades como partes esenciales de nuestro viaje hacia la mejora personal. Un nuevo comienzo con el estoicismo es entender que cada acción consciente puede ser un acto de creación, donde modelamos activamente la arcilla de nuestro destino con cada elección. Con el estoicismo, cada paso hacia lo desconocido está guiado por la sabiduría de aceptar lo que no podemos cambiar y el coraje de cambiar lo que podemos. Empezar de nuevo con el estoicismo significa ver cada obstáculo como una oportunidad para afirmar nuestra resiliencia y reforzar nuestra dedicación a vivir virtuosamente.

Un nuevo comienzo con el estoicismo es una invitación a profundizar en nuestro entendimiento del mundo y de nosotros mismos, buscando siempre el crecimiento en lugar de la comodidad. Con el estoicismo, la posibilidad de reinventarnos continuamente nos recuerda que somos obras en progreso, siempre capaces de aprender más y mejorar. Empezar de nuevo con el estoicismo es comprometerse a un examen de vida riguroso y constante, donde cada día es una oportunidad para reflexionar, ajustar y avanzar. Un nuevo comienzo con el estoicismo nos enseña la importancia de la coherencia entre nuestras palabras y acciones, buscando siempre alinearnos con los principios estoicos en todos los aspectos de la vida. Con el estoicismo, cada renovación es una celebración de nuestra capacidad para adaptarnos y prosperar, una afirmación de que el crecimiento personal es posible en cualquier etapa de la vida.

El estoicismo nos ofrece la perspectiva de que cada nuevo comienzo es un testimonio de nuestra impermanencia y de nuestra capacidad para renacer de nuestras cenizas, encontrando nuevas formas de ser y de interactuar con el mundo. Con el estoicismo, nos damos cuenta de que la constancia en la virtud es crucial en cada nuevo comienzo; es la calidad de nuestro carácter lo que determina la calidad de nuestras vidas renovadas. Empezar de nuevo con el estoicismo es ver cada día como una entidad completa en sí misma, donde cada amanecer trae consigo la posibilidad de un nuevo capítulo lleno de promesas y potencial.

Un nuevo comienzo con el estoicismo nos impulsa a ser maestros de nosotros mismos, a controlar nuestras pasiones y miedos para vivir con una tranquilidad que está alineada con la naturaleza. Con el estoicismo, cada reinicio es una oportunidad para reafirmar nuestra independencia de las cosas externas, centrándonos en nuestra fortaleza interna y en nuestra capacidad para influir en nuestro propio bienestar. Empezar de nuevo con el estoicismo significa abrazar el cambio no como una amenaza, sino como un compañero inevitable y valioso en la jornada de la vida, enseñándonos a fluir con él en lugar de resistirnos. Un nuevo comienzo con el estoicismo es la oportunidad de aplicar las lecciones aprendidas de los errores pasados, no solo para evitar repetirlos, sino para construir sobre ellos de manera constructiva y positiva. Con el estoicismo, nos damos cuenta de que cada nueva etapa es un reflejo del flujo constante de la vida, y que nuestro deber es navegar este flujo con dignidad, haciendo lo correcto sin importar las circunstancias.

Empezar de nuevo con el estoicismo nos enseña a valorar la libertad que viene de comprender nuestras restricciones, encontrando dentro de esos límites el espacio para crecer y expresarnos plenamente. Un nuevo comienzo con el estoicismo desafía nuestras percepciones de lo que es posible, invitándonos a superar nuestros límites percibidos y a explorar nuevas profundidades de nuestro carácter y capacidades. Con el estoicismo, cada paso hacia adelante en un nuevo comienzo es guiado por una reflexión profunda sobre nuestros motivos y metas, asegurándonos de que nuestras acciones sirvan a un propósito mayor y más significativo.

Empezar de nuevo con el estoicismo nos ofrece la claridad de que, aunque no podemos controlar todos los aspectos de nuestra vida, podemos siempre controlar nuestra respuesta a ellos, eligiendo responder con virtud y ecuanimidad. Un nuevo comienzo con el estoicismo es un recordatorio de que la verdadera estabilidad proviene de dentro, y que nuestra paz interna no debe depender de las circunstancias externas fluctuantes. Con el estoicismo, aprendemos que la renovación es tanto una necesidad interna como una respuesta externa, y que mantenernos enraizados en nuestros valores nos proporciona la fortaleza para enfrentar cualquier cambio. Empezar de nuevo con el estoicismo significa acoger cada nueva oportunidad con un espíritu de moderación, asegurándonos de que nuestras pasiones y deseos no nublen nuestro juicio o desvíen nuestro camino. Un nuevo comienzo con el estoicismo es un ejercicio de autoconocimiento, donde cada renovación nos da la oportunidad de conocer mejor nuestras fortalezas y debilidades, y de trabajar en ellas conscientemente.

Con el estoicismo, cada nuevo desafío es abordado no solo con esperanza, sino con una planificación cuidadosa y una consideración de cómo nuestras acciones afectan a otros y al mundo en general. Empezar de nuevo con el estoicismo nos enseña la importancia de la autenticidad, motivándonos a vivir de manera que cada palabra y cada acción reflejen fielmente nuestras creencias más profundas.

Un nuevo comienzo con el estoicismo refuerza la idea de que somos agentes de nuestra propia felicidad, y que cultivar una vida buena y virtuosa está en nuestras manos, independientemente de las condiciones externas. Con el estoicismo, nos damos cuenta de que la verdadera gratitud viene de apreciar cada nuevo comienzo como una bendición, una chance de aplicar lo que hemos aprendido y de mejorar continuamente hacia la excelencia.

Palabras Finales

A lo largo de estas páginas, hemos explorado el profundo y transformador camino del estoicismo. Hemos aprendido a encontrar la fortaleza dentro de nosotros mismos, a enfrentar las adversidades con serenidad y a vivir una vida de virtud y propósito. El estoicismo no es solo una filosofía antigua, sino una guía práctica para navegar los desafíos de la vida moderna con sabiduría y resiliencia. Cada día presenta una nueva oportunidad para aplicar estos principios en nuestra vida cotidiana. Al cultivar la disciplina, el autocontrol y la claridad mental, podemos convertirnos en los arquitectos de nuestro propio destino. Recordemos siempre que, aunque no podemos controlar todo lo que sucede a nuestro alrededor, sí podemos controlar nuestras respuestas y actitudes.

El viaje del estoicismo es un proceso continuo de aprendizaje y crecimiento. Invito a cada uno de ustedes a seguir explorando, practicando y viviendo estos principios. Que el estoicismo encienda tu llama interior y te guíe hacia una vida plena y significativa. No es el fin, sino el comienzo de una nueva etapa donde cada obstáculo se convierte en una oportunidad y cada desafío en una lección. Mantente estoico, valiente y sereno. El poder de una mente fuerte y una voluntad inquebrantable está en tus manos.